ABHANDLUNGEN
DER AKADEMIE DER WISSENSCHAFTEN DER DDR
Abteilung Veröffentlichungen der Wissenschaftlichen Räte

Jahrgang 1977 · Nr. W 3

Tagung des Rates für
staats- und rechtswissenschaftliche Forschung
der Akademie der Wissenschaften der DDR
vom 29. Oktober 1976

Imperialistische Staats- und Rechtsentwicklung – Zur Analyse und Kritik ihrer Praxis und Ideologie

AKADEMIE-VERLAG · BERLIN · 1977

Herausgegeben im Auftrage des Präsidenten
der Akademie der Wissenschaften der DDR
von Vizepräsident Prof. Dr. Heinrich Scheel

Verantwortlich für dieses Heft:

Prof. Dr. Gerhard Schüßler
Vorsitzender des Rates für staats- und rechtswissenschaftliche Forschung
an der Akademie der Wissenschaften der DDR

Redaktionsschluß: 26. 7. 1977
Erschienen im Akademie-Verlag, 108 Berlin, Leipziger Str. 3—4

Gesamtherstellung: VEB Druckhaus „Maxim Gorki", 74 Altenburg
Bestellnummer: 753 444 8 (2001/77/3/W) · LSV 0495
Printed in GDR
DDR 6,50 M

Inhaltsverzeichnis

Vorwort

Der vorliegende Sammelband vermittelt die wesentlichsten Problemstellungen und Ergebnisse einer wissenschaftlichen Tagung des Rates für staats- und rechtswissenschaftliche Forschung an der Akademie der Wissenschaften der DDR, die im Oktober 1976 zum Thema „Der Mechanismus der politischen Macht in den Ländern des Kapitals – Analyse und Kritik der imperialistischen Staats- und Rechtspraxis, sowie der Staats- und Rechtsideologie“ durchgeführt wurde.
Ziel dieser Beratung war es, in Verwirklichung der Beschlüsse des IX. Parteitages der SED den notwendigen offensiven Beitrag der Staats- und Rechtswissenschaft in der ideologischen Auseinandersetzung mit dem Imperialismus und der bürgerlichen Ideologie zu bestimmen. In den folgenden Beiträgen werden demgemäß Haupttendenzen der imperialistischen Staats- und Rechtsentwicklung, der bürgerlichen Staats- und Rechtsideologie aufgezeigt, Probleme der weiteren Forschungsarbeit zu Grundfragen der bürgerlichen Staatsmachtentwicklung aufgeworfen, methodische und inhaltliche Fragen ihrer Analyse und Kritik erörtert und Schlußfolgerungen für die weitere Arbeit auf diesem bedeutsamen Feld des Klassenkampfes gezogen.

KARL-HEINZ RÖDER

Haupttendenzen der imperialistischen Staats- und Rechtsentwicklung Aufgaben ihrer Analyse und Kritik

Die Materialien des IX. Parteitages sind ein überzeugender Ausdruck für die dialektische Einheit der Aufgaben, die sich bei der weiteren Gestaltung der entwickelten sozialistischen Gesellschaft und dem konsequenten, offensiven Kampf gegen den Imperialismus und gegen die bürgerliche Ideologie ergeben. Mit den theoretischen Aussagen zum revolutionären Weltprozeß, zur kommunistischen Gesellschaftsformation und der Dialektik ihrer beiden Phasen, zum sozialistischen Staat, zu den Werten des Sozialismus und der sozialistischen Lebensweise wurden zugleich in offensiver Weise die bürgerlichen, rechts- und „links-"opportunistischen Verleumdungen der sozialistischen Gesellschaft, ihres Staates und ihrer Demokratie widerlegt und entschieden zurückgewiesen. Zugleich enthalten die Materialien des IX. Parteitages mit den Einschätzungen zum Kapitalismus der Gegenwart, insbesondere zur Krise der bürgerlichen Gesellschaft, der politischen Institutionen, der Moral usw. wesentliche theoretische Aussagen zu den sich gegenwärtig in der kapitalistischen Welt vollziehenden Prozessen. Damit wurde ein bedeutsamer Beitrag zur Verteidigung, Festigung und schöpferischen Weiterentwicklung der marxistisch-leninistischen Theorie geleistet. Das ist und bleibt zugleich die entscheidende Grundlage, um die bürgerliche Ideologie in jeder Form offensiv und wirksam zu bekämpfen. Es ist der Maßstab für unsere Arbeit. Aus dieser Einheitlichkeit der Aufgabenstellung ergeben sich meines Erachtens für uns zwei wesentliche Schlußfolgerungen: Erstens reicht es nicht aus, zu sagen, wir haben unsere theoretischen Positionen zu dieser oder jene Frage des sozialistischen Staates und Rechts ausgearbeitet und haben schon allein damit unseren Beitrag zur Auseinandersetzung mit der bürgerlichen Ideologie geleistet. Es geht vielmehr darum, unsere theoretischen Aussagen über den sozialistischen Staat und sein Recht unter dem ganz spezifischen Gesichtspunkt, wie wir damit die bürgerlichen Positionen überzeugend widerlegen können, zu präzisieren und zu vertiefen. Das setzt aber voraus, die bürgerlichen Positionen, ihre Argumentationen und Modifizierungen usw. genau zu kennen.

Und zweitens müssen wir unsere theoretischen Aussagen über den bürgerlichen Staat und das bürgerliche Recht durch die Verallgemeinerung der neuen Erscheinungen weiter begründen und vertiefen, nicht zuletzt auch unter dem Aspekt, wie der Sozialismus die inneren Prozesse des kapitalistischen Systems beeinflußt.

Ich bin fest überzeugt, daß wir, wenn wir diese beiden Seiten in ihrer Einheit richtig beherrschen, ein wesentlich höheres Niveau unserer Arbeit erreichen, vor allem die Wirksamkeit erhöhen. Damit ist noch einmal unterstrichen, daß die Analyse und Kritik des imperialistischen Staates und Rechts und ihrer Ideologien niemals Selbstzweck sein kann. Wir können den Sinn unserer wissenschaftlichen und Publikationstätigkeit nur darin sehen, die Position des Sozialismus und aller antiimperialistischen Kräfte in der Klassenauseinandersetzung mit dem Imperialismus zu stärken.

Um jedoch die wissenschaftlich begründeten Aussagen, auf die sich die politische und ideologische Arbeit der Partei mit stützt, zur Verfügung zu stellen, bedarf es genauer Kenntnisse der Vorgänge in der kapitalistischen Welt, bedarf es gründlicher und ständiger Analyse der realen Prozesse in den Ländern des Kapitals. Die analytische Arbeit bei der Erforschung der Prozesse im Imperialismus zu verstärken, ist eine wesentliche Frage der Orientierung unserer Arbeit auf diesem Gebiet. Dies ist eine Forderung, die die Parteiführung mit Nachdruck stellt. Genosse Erich Honecker hat das mit folgenden Worten bekräftigt: „Für unseren Kampf ist es von größter Bedeutung, die in der imperialistischen Welt vor sich gehenden Prozesse ständig aufmerksam zu verfolgen, eingehend zu untersuchen und die notwendigen Schlußfolgerungen daraus zu ziehen. Dies vor allem auch deswegen, weil darin wesentliche Hintergründe und Ursachen für eine Reihe von politischen Ereignissen der jüngsten Zeit zu suchen sind, die sowohl für unser politisches Vorgehen in der internationalen Arena als auch für die ideologische Arbeit eine Rolle spielen."[1]
Dabei werden wir uns entsprechend unseren Möglichkeiten und im Rahmen der Arbeitsteilung mit den wissenschaftlichen Institutionen der Sowjetunion und der anderen sozialistischen Länder auch künftig vorrangig auf die Analyse der Prozesse in der BRD konzentrieren. Aber schon um eine isolierte und möglicherweise zu Fehleinschätzungen führende Untersuchung zu vermeiden, ist es erforderlich, stärker als bisher die internationale Stellung der BRD im imperialistischen System mit zu berücksichtigen. Das schließt auch vergleichende Untersuchungen über andere imperialistische Hauptländer und damit Kenntnisse über diese Länder (politische Systeme, Rechtssysteme) mit ein.
Welche Probleme sollten im Mittelpunkt der weiteren Forschungsarbeit stehen?
Dazu gehört vor allem die Notwendigkeit der allseitigen Erforschung des Klassenwesens und der Klassenfunktionen des imperialistischen Staates und seines Rechts in der Gegenwart. Es wäre durch nichts gerechtfertigt, anzunehmen, daß sich hier für die wissenschaftliche Arbeit keine Aufgabe mehr ergebe, da die marxistisch-leninistische Lehre zu dieser Frage bereits alles gesagt habe. Das widerspräche nicht nur unserem Verständnis von der marxistisch-leninistischen Wissenschaft als einer sich ständig bereichernden und weiterentwickelnden Lehre. Es würde vor allem die heutigen Bedingungen und Erfordernisse des ideologischen Kampfes außer acht lassen. Beides erfordert zwingend, alle neuen Erscheinungen in der Entwicklung des imperialistischen Staates und seines Rechts zu analysieren und mit dem Ziel der Vertiefung unserer theoretischen Aussagen über Klassenwesen und Klassenfunktionen dieses Staates und seines Rechtssystems zu verallgemeinern.
Bekanntlich ist seit der Entstehung des Marxismus der Nachweis des Klassencharakters jedes Staates und damit die dialektisch-materialistische Beantwortung der Frage nach dem sozialen Wesen des Staates der Angriffspunkt bürgerlicher und opportunistischer Ideologen auf die marxistisch-leninistische Staatslehre. Daran hat sich dem Wesen nach bis heute nichts geändert. Unter den heutigen Bedingungen, da der Sozialismus und die sozialistische Ideologie eine mächtige, das Weltgeschehen wesentlich beeinflussende Kraft sind, da zahlreiche der sich von kolonialer Unterdrückung befreienden Länder nichtkapitalistische Wege ihrer sozialen und politischen Organisation suchen oder bereits beschreiten und sich in den Zentren des Kapitalismus die Bourgeoisie den zunehmenden Druck seitens der Volksmassen ausgesetzt sieht, ist der ideologische Kampf in der Staatsfrage unvergleichlich schärfer und intensiver geworden. Er weist heute außerdem auch

---

[1] 12. Tagung des Zentralkomitees der SED. Mit neuen Erfolgen zum 25. Jahrestag der DDR. Aus dem Schlußwort des Genossen E. Honecker, Berlin 1974, S. 101

bestimmte Besonderheiten auf, die letztlich nur aus diesen veränderten Bedingungen zu erklären sind. Ich möchte auf einige dieser Besonderheiten in den bürgerlichen Staatsauffassungen hinweisen, wobei ich betone, daß es sich hier um das Hervorheben bestimmter Besonderheiten und nicht um eine Klassifizierung der bürgerlichen Staatslehren nach systematisierenden Gesichtspunkten handelt:

So ist erstens das Aktivieren einer absoluten und unbedingten Verteidigung der ideologischen Grundpositionen bürgerlichen Staatsdenkens festzustellen. Die sogenannten geistigen Grundlagen und Werte des kapitalistischen Staates und seiner Institutionen sollen nicht in Frage gestellt werden dürfen. Es wird alles bis hin zu irrationalistischen Ideen mobilisiert, um den Schleier über den Klassencharakter des Staates der Monopole nicht vollends zerreißen zu lassen. Unter Einbeziehung aller militanten antikommunistischen Theorien wird zugleich zum bedingungslosen ideologischen Kreuzzug gegen die marxistisch-leninistische Ideologie aufgerufen. Es ist unverkennbar, daß diese Tendenzen mit der sichtbaren Aktivierung konservativ-autoritärer Positionen auf der politischen Ebene im Zusammenhang stehen.

Stellvertretend dafür möchte ich den konservativen Staatsideologen Guggenberger erwähnen, der in Anlehnung an Forsthoff, Hennis und Herbert Krüger das „Problem der Herrschaftslegitimierung" als das „zentrale Anliegen aller politischen Philosophie" bezeichnet.[2] Herrschaftslegitimierung erschöpft sich für ihn als Konservativer im wesentlichen in der Rechtfertigung von Gehorsam gegenüber dem Staat. „Legitimität beanspruchen", so Guggenberger, „heißt auf Gehorsam pochen"![3] Wie aber, so wiederum dieser Autor, soll angesichts „immer größerer Unfähigkeit, Herrschaft überzeugend zu rechtfertigen", jener Gehorsam ereicht werden? Indem man an die Neuformulierung einer „für alle verbindlichen Staatsidee" gehe, die „überzeugend darzutun vermag", daß der Staat „namens und im wohlverstandenen Interesse des Ganzen spricht".[4]

Einer solchen Staatsidee, so wird hier ausdrücklich erklärt, sei vor allem die Aufgabe zugewiesen, die marxistisch-leninistische These vom Klassenwesen des Staates, der auch die Konservativen eine „bis heute ungebrochene Fascination" bescheinigen müssen,[5] zu widerlegen.

Natürlich wird es auch den konservativen oder neokonservativen Versuchen der Widerlegung der marxistisch-leninistischen Staatslehre nicht anders ergehen als allen anderen. Aber der Einfluß und die Wirkung der konservativen Staatsideologie darf auch nicht unterschätzt werden. Der Konservatismus als politische und ideologische Strömung versucht gegenwärtig in die Offensive zu kommen (BRD, England) und bedient sich dabei eines groben Antikommunismus (Freiheit oder Sozialismus), der aber nichtsdestoweniger gefährlich ist.

Deswegen muß die konservative Staatsideologie im Zusammenhang mit der konservativen Gesellschaftsideologie untersucht werden, was auch für die Analyse anderer ideologischer Strömungen gilt. Es erhöht die Wirksamkeit unserer Auseinandersetzung, wenn wir die geschichtliche Genesis dieser Strömung in die Auseinandersetzung mit einbeziehen. Und es ist notwendig, die Berührungspunkte konservativer Staatsideologie mit der faschistischen bzw. neofaschistischen Staatsideologie, gerade was bestimmte Grundprämissen betrifft, herauszuarbeiten.

---

[2] B. Guggenberger, Wem nützt der Staat? Kritik der neomarxistischen Staatstheorie, Stuttgart/Berlin (West)/Köln/Mainz 1974, S. 16

[3] a. a. O., S. 11

[4] a. a. O., S. 9 und 11

[5] a. a. O., S. 89

Zweitens gewinnen gegenwärtig in der bürgerlichen und besonders der opportunistischen Ideologie jene Positionen an Bedeutung, die von sich behaupten, daß sie sowohl die bürgerliche wie die marxistische Auffassung vom Staat ablehnen und einen Standort über oder außerhalb der bürgerlichen und marxistischen Staatsauffassung einnehmen.
Dies ist einerseits ein Ausdruck der Tatsache, daß es in vieler Hinsicht schwieriger geworden ist, offen die bürgerlichen Positionen in der Staatsfrage zu verteidigen. Es ist zugleich der Versuch, sich dadurch eine vermeintlich günstigere Ausgangsposition für den Angriff auf die marxistisch-leninistische Lehre zu verschaffen, indem man sich zunächst erst einmal verbal von den bürgerlichen Positionen abgrenzt.
Deutlich kommt diese Richtung besonders im Sozialreformismus zum Ausdruck. So heißt es z. B. im „Zweiten Entwurf eines ökonomisch-politischen Orientierungsrahmens der SPD für die Jahre 1975–1985“ über die Rolle des Staates: „Die bürgerlich-idealistische Theorie vom freischwebenden Staat als dem Schiedsrichter zwischen und über den gesellschaftlichen Interessen, wie sie heute vor allem von den Dogmatikern des Konservatismus vertreten wird, läßt die bestehenden Abhängigkeiten staatlicher Handlungsmöglichkeiten von den Strukturen und Leistungen des Wirtschaftssektors außer acht.“[6] Es heißt dann weiter, daß aber auch die marxistische Staatsauffassung bzw. das, was als marxistische Auffassung ausgegeben wird, abzulehnen sei, da bei Anerkennung der These vom Klassencharakter des Staates der Versuch, „über den Staat eine Reformpolitik friedlicher schrittweiser Demokratisierung der Gesellschaft zu verwirklichen, prinzipiell illusionär und daher sinnlos“[7] sei. Letzteres ist nicht von der Hand zu weisen. Gerade diese Illusion wird jedoch propagiert, wenn die Absicht, den bürgerlichen Klassenstaat und das bürgerliche Recht zum Instrument eines friedlichen, demokratischen Wandelns der kapitalistischen Gesellschaft zu erklären, zur Grundlage der Betrachtung genommen wird. Schließlich wird weiterhin erklärt: „Beide geschilderten Auffassungen von der Rolle des Staates (gemeint ist die bürgerliche und die marxistische) verkennen jedoch den engen Zusammenhang und die wechselseitige, nicht nur einseitige Abhängigkeit von demokratischem Staat und kapitalistischer Wirtschaft.“[8] Und im folgenden werden dann die kapitalistische Wirtschaft und der „demokratische Staat“ als zwei zwar wechselseitig miteinander in Verbindung stehende, jedoch voneinander unabhängige und selbständige Phänomene dargestellt. Für die fundierte Auseinandersetzung mit diesen Auffassungen bedarf es u. a. einer weiteren Vertiefung unserer staatstheoretischen Aussagen über das Verhältnis von Monopolen und Staat, und zwar besonders über die Rolle des Staates in diesem Verhältnis.
In diesem Zusammenhang kommt auch der theoretisch sauberen Begründung unserer marxistisch-leninistischen Auffassung von der relativen Selbständigkeit des Staates Bedeutung zu; eine der Fragen, in der die nichtmarxistischen Kräfte, wenn sie sich zur marxistischen Staatslehre äußern, ständig mit Entstellungen und Verwirrungen auftreten. Die marxistisch-leninistische Auffassung hat den Staat niemals in einer solchen mechanistischen Beziehung zur Ökonomie gesetzt, wie das von jenen Leuten immer wieder behauptet wird. Ausgehend von der letztlich bestimmenden Rolle der sozialökonomischen Grundlagen untersucht die marxistisch-leninistische Theorie auch das Verhältnis von Monopolen und Staat als ein dialektisches, widerspruchsvolles Verhältnis. Und die Realität zeigt, daß durchaus nicht nur der Prozeß der Verflechtung von Monopolen und Staat

---

[6] Zweiter Entwurf eines ökonomisch-politischen Orientierungsrahmens der SPD für die Jahre 1975 bis 1985 Vorwärts, Bonn vom 16. 1. 1975

[7] a. a. O.

[8] a. a. O.

und der zunehmenden Einschaltung des Staates in die verschiedenen gesellschaftlichen Bereiche wirkt, sondern auch eine gewisse gegenläufige Tendenz der Monopole besteht, den Einfluß des Staates teilweise wieder zurückzudrängen und bestimmte vom Staat beherrschte Bereiche selbst unter Kontrolle zu nehmen. Das ist natürlich nicht nur unter dem Aspekt der Auseinandersetzung mit sozialreformistischen und rechtsopportunistischen Auffassungen von Bedeutung. Im Zusammenhang mit der wachsenden Rolle des bürgerlichen Staates in allen gesellschaftlichen Bereichen, ohne die das kapitalistische System offensichtlich nicht mehr funktionieren kann, stellt sich auch die Frage nach dem heutigen Stellenwert des bürgerlichen Rechts im gesamten Mechanismus der bürgerlichen Gesellschaft in der Gegenwart.

Diese Bemerkungen gelten drittens nicht weniger für die kritische Auseinandersetzung mit den verschiedenen „links"opportunistischen Staats- und Rechtsauffassungen. Wir haben umso mehr Anlaß, uns gründlicher mit dem „Links"opportunismus in der Staatsfrage auseinanderzusetzen, da sich der „Links"opportunismus im Unterschied zu den traditionell bürgerlichen und rechtsopportunistischen Auffassungen als der wahre Verfechter der marxistischen Lehre bezeichnet und gerade in den Grundfragen der Revolutions- und Staatstheorie beträchtliche Verwirrung unter den von ihm beeinflußten Schichten anrichtet. In unserer Literatur sind in letzter Zeit einige beachtenswerte Beiträge zur Auseinandersetzung mit dieser Strömung erschienen, nachdem lange Jahre überhaupt nichts veröffentlicht wurde. Es fehlt aber, wie wir gleichzeitig feststellen müssen, auch hier noch an einer umfassenden theoretischen-ideologischen Auseinandersetzung. So liegt z. B. bisher noch keine marxistisch-leninistische Analyse der sehr detailliert ausgearbeiteten Auffassungen des trotzkistischen Theoretikers Ernest Mandel zum gegenwärtigen bürgerlichen Staat vor, der im starken Maße das heutige „links"opportunistische Denken beeinflußt.

Zugleich erscheint es mir viertens notwendig, sorgfältig zwischen den Kräften, die sich als Linke oder Marxisten bezeichnen, zu differenzieren. Nicht wenige von ihnen verstehen sich subjektiv als Marxisten und suchen nach marxistischen theoretischen und methodologischen Positionen für die Analyse der bürgerlichen Gesellschaft und ihres Staates. Zu nennen wären hier u. a. aus der BRD Agnoli, „Überlegungen zum bürgerlichen Staat", Altvater, Braunmühl u. a., „Oberfläche und Staat – Kritik neuerer Staatsableitungen". Frerichs/Kraiker, „Konstitutionsbedingungen des bürgerlichen Staates und der sozialen Revolution bei Marx und Engels", Hirsch u. a., „Probleme einer materialistischen Staatstheorie" und Läpple, „Staat und politische Organisation – Probleme marxistischer Staatsanalyse". Vieles ist an diesen Staatsanalysen und Staatsableitungen marxisierend und ökonomisierend. Der Staat und wie ich meine noch mehr das Recht, werden als ökonomische Kategorien behandelt und direkt aus dem Warenverhältnis abgeleitet. Staat und Recht werden auch auseinandergerissen und entgegengesetzt. Die Leninsche Etappe der marxistischen Staats- und Rechtstheorie wird unterschätzt oder negiert u. a. mehr. Das alles unterstreicht aber nur unsere Verpflichtung, diese Auffassungen kritisch und differenziert einzuschätzen und in dieser kritischen Auseinandersetzung unsere marxistisch-leninistischen Positionen zu festigen und zu vertiefen. Um das Klassenwesen des imperialistischen Staates allseitig aufzudecken und uns wirksamer mit der bürgerlichen Staatsideologie auseinanderzusetzen, bedarf es gründlicher Einschätzungen des politischen Systems des Imperialismus und der Rolle des Staates in diesem politischen System. Die Notwendigkeit, die Rolle des Staates im politischen System des Imperialismus eingehender zu untersuchen, steht auch im Zusammenhang mit der Orientierung des IX. Parteitages, den Fragen der politischen Organisation des Sozialismus und der Rolle des sozialistischen Staates in der politischen Organisation

der entwickelten sozialistischen Gesellschaft größere Aufmerksamkeit zu schenken. Die Einheit der Aufgabenstellung, die Fragen der sozialistischen Entwicklung theoretisch weiter auszuarbeiten und zugleich ausgehend von einer gründlichen Analyse der Prozesse im Imperialismus eine fundierte Auseinandersetzung mit den bürgerlichen Positionen zu führen, wird hier besonders deutlich.
Es geht darum, anhand beweiskräftiger Analysen den der Öffentlichkeit weitgehend verborgenen Mechanismus der Umsetzung der ökonomischen Macht der Monopole in politische Macht, der Umsetzung der Klasseninteressen der Monopolbourgeoisie in die Politik des Staates und der Regierungen zu entschleiern. Wichtige Forschungsergebnise dazu sind in dem von unserem Freund und Genossen Tumanow herausgegebenen Buch „Der politische Mechanismus der Diktatur der Monopole" enthalten, das im nächsten Jahr im Staatsverlag erscheinen wird. Wir sollten uns dieser Aufgabe ebenfalls ernsthafter zuwenden, zumal der Überblick zeigt, daß seit den von Max Schmidt im Jahre 1972 veröffentlichten Thesen „Zur Entwicklung des imperialistischen Herrschaftssystems"[9] dazu zwar noch einige Einzeluntersuchungen, aber keine grundlegenden Arbeiten mehr erschienen sind. Es ergeben sich jedoch aus den Prozessen im politischen System des Imperialismus einige weiterführende Fragestellungen. So bedarf z. B. die Frage einer genaueren Einschätzung, inwiefern sich neben dem traditionellen System der repräsentativen Institutionen, mit deren Hilfe die Bourgeoisie üblicherweise ihre Klassenherrschaft ausübt, ein weitgehend neues, unkontrollierbares System eines für die herrschende Klasse wesentlich effektiveren Zusammenwirkens von Monopolen und Staat herausgebildet hat oder herausbildet. Es gibt seitens der Ökonomen einige qualifizierte Untersuchungen über die Rolle der Unternehmerverbände und über die Rolle des Militär-Industrie-Komplexes im staatsmonopolistischen Herrschaftssystem. Diese Arbeiten sind aber bislang ungenügend staatstheoretisch in Bezug auf das Klassenwesen und die Klassenfunktionen des imperialistischen Staates oder hinsichtlich ihrer Auswirkungen auf den Mechanismus dieses Staates verallgemeinert worden.
Engelhard/Heise kommen in ihrem Buch „Militär-Industrie-Komplex im staatsmonopolistischen Herrschaftssystem" zu dem Ergebnis, daß sich mit der Verschmelzung der Macht und der Interessen der „größten Rüstungskonzerne und der mit ihnen liierten Bankmonopole, der militärischen Führungsgremien, der für die Militarisierung zuständigen Staatsorgane sowie der politisch-militärischen Kräfte des Monopolkapitals" eine bedeutende Machtstruktur innerhalb des staatsmonopolistischen Systems herausgebildet hat, deren Existenz und Tätigkeit mehr oder weniger alle Bereiche des imperialistischen Staates und nicht zuletzt die Formen und Methoden der Herrschaftsausübung beeinflußt.[10] Bekanntlich gehen von diesen Machtverflechtungen – sowjetische Publikationen weisen daraufhin, daß die Apparate der Unternehmerverbände häufig bereits umfangreicher sind als die Parteiapparate der großen bürgerlichen Parteien – heute die entscheidenden Initiativen für den politischen Grundkurs der betreffenden Regierung, für die Gesetzgebung, für den Ausbau des Unterdrückungsapparates, für sogenannte Reformen des Staates und der Verfassung usw. aus. Soweit uns die Materialien zugänglich sind, sollte gründlicher die Rolle und Tätigkeit der verschiedenen konsultativen Institutionen in Gestalt der Beiräte oder sogenannten unabhängigen Expertenkommissionen untersucht werden. Solche konsultativen Organe der Regierung existieren

---

[9] M. Schmidt, Zur Entwicklung des imperialistischen Herrschaftssystems, Thesen, IPW Berichte, H. 3/1972, S. 6 ff.

[10] K. Engelhardt/K.-H. Heise, Militär-Industrie-Komplex im staatsmonopolitischen Herrschaftssystem, Berlin 1974, S. 40 ff.

heute in allen imperialistischen Staaten und sind offensichtlich zu einem nicht unwesentlichen Bestandteil des politischen Mechanismus des Imperialismus geworden. Ich möchte das kurz an der am Sitz der USA-Regierung tätigen „Trilaterial Commission" illustrieren.
Dieser Kommission gehören die USA, Japan und Westeuropa an. Sie setzt sich aus Politikern, u. a. den Präsidentschaftskandidaten der Demokratischen Partei James Carter, Vertretern des Industrie- und Bankkapitals wie der Bank of America, der Chase Manhatten Bank, der französischen Banque des Paris et des Pays-Bas, der britischen Barclays Bank und der japanischen Mitsubishi Bank sowie Wissenschaftlern wie Brzezinski zusammen. Vor kurzem gab diese Kommission einen Bericht über die derzeitige Situation des kapitalistischen Staates und der bürgerlichen Demokratie mit dem Titel „Die Krise der Demokratie. Bericht über die Regierbarkeit der Demokratien" heraus. Dort wird festgestellt, daß die Autorität des Staates und der wesentlichen politischen Institutionen in den letzten Jahren erheblich geschwächt worden sei. Es wird offen von einem „Versagen der traditionellen Mittel der sozialen Kontrolle" gesprochen. Neben der Analyse aus großbürgerlicher Sicht beschäftigt sich dieser Bericht vor allem mit Vorschlägen, wie der Instabilität der politischen Institutionen zu begegnen sei. Der Hauptgedanke besteht darin, gegebenenfalls mit allen „demokratischen Spielregeln" zu brechen und die verfassungsmäßigen Bindungen außer Kraft zu setzen, wenn anders die Gefahr eines „Übergangs der Macht an die Kommunisten" nicht gebannt werden könne. Der Bericht gibt dann detaillierte Empfehlungen, in welchen Etappen der Weg der Errichtung autoritärer Regimes zu beschreiten sei.
Es ist dies ein weiteres und dabei nicht einmal besonders markantes Beispiel dafür, wie sich die Monopolbourgeoisie nicht nur auf nationaler, sonder auch auf internationaler Ebene neue Organisationsformen und Methoden der Ausübung ihrer Klassenherrschaft schafft.
Es ist bereits mehrfach auf die Notwendigkeit der staats- und rechtswissenschaftlichen Analyse der imperialistischen Integration hingewiesen worden. Wir müssen davon ausgehen, daß es sich hier um einen der entscheidenden Prozesse in der Entwicklung des Herrschaftsmechanismus des Imperialismus handelt, ohne dessen gründliche Einschätzung die innerstaatlichen Tendenzen, aber auch die Tendenzen in der Entwicklung des bürgerlichen Rechts und der bürgerlichen Rechtssysteme nicht mehr hinreichend aufzudecken sind. Nicht zuletzt beeinflußt die imperialistische Integration natürlich auch die bürgerliche Staats- und Rechtsideologie. Es ist daher zu begrüßen, daß in den nächsten Jahren Arbeiten vorgesehen sind, die sich speziell den Auswirkungen der imperialistischen Integration auf das bürgerliche Recht wie andererseits der Rolle des Rechts bei der Forcierung der imperialistischen Integrationsprozesse widmen. Es geht nicht mehr an, daß die Prozesse in der imperialistischen Integration und die Prozesse im innerstaatlichen Bereich getrennt voneinander untersucht werden. Daraus sollten für die weitere Arbeit Schlußfolgerungen gezogen werden. Zugleich sollte in den Arbeiten, die sich aus der Sicht der Staats- und Rechtstheorie oder der Rechtszweige den Fragen der sozialistischen ökonomischen Integration und der Entwicklung der sozialistischen Staatengemeinschaft zuwenden, der prinzipielle Gegensatz und die grundlegend andere Zielsetzung der Prozesse der ökonomischen Integration und der Annäherung der Völker und Nationen im Sozialismus und der Zusammenschlüsse auf imperialistischer Grundlage herausgearbeitet werden.
Die Forschungsarbeit auf diesem Gebiet soll nicht nur dazu beitragen, Wesen und Mechanismus des imperialistischen politischen Herrschaftssystems und des imperialistischen Staates allseitiger aufzudecken. Die Frage, ob und inwieweit sich eine Inter-

nationalisierung des staatlichen Repressivapparates und der Unterdrückungsfunktion des imperialistischen Staates herausbildet, ist nicht nur theoretisch von Interesse, sondern auch von erheblicher politischer Bedeutung für die Bedingungen des Kampfes der Arbeiterklasse in den kapitalistischen Ländern. Die Bourgeoisie hat heute ihre Klassenherrschaft nicht nur national, sondern auch international organisiert. Die imperialistischen Staaten sind in Organisationen wie der Nato und der EWG zusammengeschlossen. Bei allen Widersprüchen, die diese imperialistischen Zusammenschlüsse kennzeichnen, verfügen sie über nicht zu unterschätzende Möglichkeiten sowohl des Kampfes gegen den Sozialismus als auch der Niederhaltung von Massenbewegungen im Innern. Diese Tatsachen stellen die kommunistischen Parteien dieser Länder vor neue Probleme, die nur auf marxistisch-leninistischer Grundlage richtig zu beantworten sind. Diese Herausbildung neuer Mechanismen und Strukturen imperialistischer Machtausübung bedeutet jedoch nicht, daß die traditionellen repräsentativen Institutionen kapitalistischer Klassenherrschaft für die Bourgeoisie heute ohne Bedeutung wären. Ihre Rolle und Funktion im politischen System des Imperialismus unterliegt jedoch Veränderungen. Sie werden hervorgerufen und beeinflußt durch solche Prozesse wie die enge Verflechtung von Monopolen und Staat, die Entwicklung des Kräfteverhältnisses der Klassen u. a. Daher würde uns auch hier wie in allen anderen Fragen eine statische Betrachtung dieser Institutionen keinen Schritt voranbringen.

In der marxistischen Literatur ist zu Recht der Prozeß der Stärkung der Exekutivorgane des imperialistischen Staates auf Kosten der traditionellen verfassungsmäßigen Befugnisse der legislativen Organe herausgearbeitet worden. Dieser Prozeß dürfte auch künftig bestimmend für das Verhältnis der exekutiven Organe zu den legislativen Organen des imperialistischen Staates sein. Das ergibt sich aus dem Interesse der Monopole, die für sie wesentlichen politischen Entscheidungen möglichst unter Umgehung des komplizierten und für Veränderungen in der politischen Kräftekonstellation anfälligen parlamentarischen Mechanismus herbeizuführen. Es zeigen sich in einigen imperialistischen Staaten jedoch auch Anzeichen eines anderen Prozesses; nämlich das Bestreben der Parlamente, eine reale Kontrolle über die Hauptaspekte der Politik der Regierungen auszuüben. Diese Tendenz ist z. B. in der Haltung des Kongresses gegenüber dem Amt des Präsidenten der USA zu erkennen. Sie bedarf einer gründlichen Einschätzung unter Beachtung aller Faktoren. Dabei spielt natürlich eine nicht geringe Rolle, daß in den USA zur Zeit die in der „Opposition" befindliche Partei, die demokratische Partei, über die Mehrheit im Kongreß verfügt. Darüber hinaus sind aber auch solche Faktoren wie der Kampf der einzelnen Fraktionen der Monopolbourgeoisie um die Durchsetzung ihrer Interessen im Staatsapparat von Bedeutung. Eine nicht unwesentliche Rolle spielen aber auch die Meinungsverschiedenheiten in der herrschenden Klasse über die Formen und Methoden der Machtausübung. Selbstverständlich ändern diese Vorgänge nichts am Wesen des bürgerlichen Parlamentarismus. Gleichwohl sind sie aber von Bedeutung für die Bedingungen des Kampfes der Arbeiterklasse in diesen Ländern.

Im Zusammenhang damit sollte die Analyse der realen Prozesse im Mechanismus der Monopolherrschaft besonders zur theoretischen Vertiefung der Auseinandersetzung mit der bürgerlichen Gewaltenteilungslehre beitragen. Im Lehrbuch „Marxistisch-leninistische Staats- und Rechtstheorie" wird zu Recht betont, daß diese Lehre die Illusion erwecken will, Legislative, Exekutive und Justiz seien voneinander unabhängige Gewalten, die sich gegenseitig kontrollieren. Es wird festgestellt: „Legislative, Exekutive und Justiz sind Ausdruck der Arbeitsteilung bei der Ausübung der einheitlichen kapitalistischen Klassenherrschaft. Das Klassenwesen der bürgerlichen Staatsmacht wird durch diese Arbeitsteilung keineswegs aufgehoben, sondern zweckmäßig verwirklicht."[11] Es bedarf einer gründlichen Unteruchung, wie diese Arbeitsteilung bei der Ausübung der einheitlichen kapitalistischen Klassenherrschaft heute angesichts der Herausbildung neuer, staatsmonopolistischer Mechanismen und der Veränderungen in den traditionellen Mechanismen bürgerlicher Machtausübung vonstatten geht. Das wäre ein wesentlicher Beitrag zur Aufdeckung des Klassenwesens des imperialistischen Staates bei gleichzeitiger Auseinandersetzung mit einer der tragenden Säulen der bürgerlichen Staatslehre. Bei allen unseren Einschätzungen der Entwicklungstendenzen im bürgerlichen Staat und Recht und in der bürgerlichen Staats- und Rechtsideologie muß davon ausgegangen werden, daß sich das politische System des Imperialismus in einer tiefen, sich verschärfenden Krise befindet, die alle Seiten der politisch-staatlichen und justiziellen Organisation und Tätigkeit erfaßt. Das ist für die Untersuchung aller Fragen des imperialistischen Staates und Rechts in theoretischer wie in methodologischer Hinsicht von erstrangiger Bedeutung.

Von der internationalen Arbeiterbewegung sind in den letzten Jahren grundlegende Aussagen über die Vertiefung der allgemeinen Krise des Kapitalismus in der Gegenwart, über die 1973 ausgebrochene internationale zyklische Überproduktionskrise des Kapitalismus und deren Verflechtung mit der allgemeinen Krise sowie über die vielfältigen Krisenerscheinungen in allen Bereichen der bürgerlichen Gesellschaft getroffen worden. Auf dem XXV. Parteitag der KPdSU stellte L. Breshnew in bezug auf die politisch-ideologische Krise des Kapitalismus fest: „Die politisch-ideologische Krise der bürgerlichen Gesellschaft hat sich verschärft. Sie erfaßt die Machtorgane, die bürgerlichen politischen Parteien und erschüttert die elementaren sittlichen Normen."[12] Eine ausführliche Einschätzung der Krise in den kapitalistischen Ländern wurde auf dem IX. Parteitag der SED gegeben. Im Bericht des Genossen Erich Honecker wird nachgewiesen, „daß es sich um eine Krise der ganzen kapitalistischen Gesellschaft handelt."[13] Zahlreiche Angaben über die Auswirkungen der vielfältigen Krisenerscheinungen des Kapitalismus auf die Lage der Werktätigen enthalten auch die Materialien der Berliner Konferenz der kommunistischen und Arbeiterparteien Europas. Übereinstimmend wird die Bedeutung dieser Frage für die Strategie und Taktik des Kampfes um grundlegende soziale und politische Umgestaltungen in diesen Ländern hervorgehoben.

Gemessen daran entspricht der Beitrag, den wir als Staats- und Rechtswissenschaftler zu dieser Kernfrage des internationalen Klassenkampfes zu leisten haben, insgesamt gesehen sicher noch nicht den Erfordernissen.

Das sollte eindeutig ausgesprochen werden, vor allem um Schlußfolgerungen für die weitere Arbeit zu ziehen. Die Nützlichkeit einer Reihe von Publikationen, in denen Aussagen über die Krise des imperialistischen politischen Systems, über die Krise der bürgerlichen Demokratie und über die Krise der bürgerlichen Staatsideologie getroffen werden, soll keineswegs bestritten werden. Im wesentlichen wird dabei aber nicht über die Darstellung bestimmter Erscheinungen wie die Instabilität der Regierungen, die knappen Mehrheitsverhältnisse in den Parlamenten usw. hinausgegangen. Es ist andererseits aber auch ein Ausdruck einer gewissen Vulgarisierung, wenn in manchen

---

[11] Autorenkollektiv, Marxistisch-leninistische Staats- und Rechtstheorie, Lehrbuch, Berlin 1975, S. 104

[12] Rechenschaftsbericht des Zentralkomitees der KPdSU und die nächsten Aufgaben der Parteien in der Innen- und Außenpolitik. Berichterstatter: L. I. Breshnew, Berlin 1976, S. 36

[13] Bericht des Zentralkomitees der SED an den IX. Parteitag der SED. Berichterstatter: Genosse E. Honecker, Berlin 1976, S. 24

Publikationen schlechthin jeder Vorgang im kapitalistischen System als Zeichen der Krise deklariert wird. Eine solche Betrachtung stünde auch im Gegensatz zu der auch in allen wichtigen Dokumenten der internationalen Arbeiterbewegung enthaltenen Einschätzung, daß der Kapitalismus noch über beträchtliche Möglichkeiten der Aufrechterhaltung seines Systems verfügt, was ja gerade auf staatlich-rechtlichem Gebiet von Bedeutung ist. Es ist daher erstens unbedingt erforderlich, daß die Staats- und Rechtswissenschaftler sich in wissenschaftlich begründeter Weise zum Wesen der Krise des politischen Systems und der staatlich-rechtlichen Institutionen des Imperialismus in der Gegenwart äußern und sich auch am internationalen Meinungsaustausch beteiligen. In sowjetischen Publikationen wird es z. B. als ein wesentliches Element dieser Krise bezeichnet, daß sie für die Bourgeoisie existentielle Fragen und Bereiche ihrer Herrschaft erfaßt und dazu führt, daß lebenswichtige Bestandteile des bürgerlichen Staatsmechanismus nicht mehr in der bisherigen Weise funktionieren. Das ist eine sehr fundamentale Aussage mit weitreichenden Konsequenzen, die der gründlichen Untersuchung bedürfen. Es wird darauf ankommen, sowohl den Zusammenhang und die Wechselbeziehungen zwischen der Vertiefung der allgemeinen Krise des Kapitalismus und der Krise seines politischen Systems wie die Spezifik und die Besonderheiten der Krise des politischen Systems aufzudecken. Dabei ist auch eine größere Exaktheit in der Verwendung der Begriffe notwendig, insbesondere was die Begriffe Krise des politischen Systems, Krise der Politik und akute Regierungskrisen sowie das Verhältnis dieser Prozesse zu einer möglichen revolutionären Situation betrifft.
Von besonderer Bedeutung sind die Wechselbeziehungen zwischen der ökonomischen Krise des Kapitalismus und der Krise in seinem politischen Machtmechanismus. Es ist bekannt, welche Beachtung die Klassiker diesen Fragen beigemessen haben. „Die Klassenkämpfe in Frankreich 1848 bis 1850“ waren Marx' erste Arbeit, in der er mit Hilfe seiner dialektisch-materialistischen Methode die politischen Prozesse auf von in letzter Instanz ökonomische Ursachen zurückführte und die Schlußfolgerung zog, daß die Welthandelskrise von 1847 die eigentliche Ursache der Februar- und Märzrevolutionen gewesen war. Engels hat noch in der 1895 wenige Monate vor seinem Tode geschriebenen „Einleitung“ mit großer Befriedigung darauf hingewiesen, daß die Aufdeckung dieses inneren Zusammenhangs die „später von Marx selbst angestellte zweifache Probe glänzend bestanden hat.“[14]
Das heißt, es geht letztlich darum, die dialektisch-materialistische Theorie und Methode konsequent auf die Analyse der Prozesse im politischen Mechanismus des Imperialismus anzuwenden. Hinsichtlich der gegenwärtigen ökonomischen Krise des Kapitalismus liegen seitens der politökonomischen Forschung grundsätzliche und detaillierte Einschätzungen vor, die für die Einschätzung des Wesens und der Tendenzen der Krise des politischen Systems nutzbar gemacht werden müssen. Daraus ergibt sich zweitens, daß es notwendig ist, gründlich die „Auswege“, die die Bourgeoisie aus der Krise ihres politischen Systems und damit der Krise ihrer Herrschaft sucht oder bereits eingeschlagen hat, zu analysieren. Genosse Ponomarjow weist im Zusammenhang mit den Ergebnissen der Berliner Konferenz der kommunistischen und Arbeiterparteien darauf hin, daß mit den Folgen der Weltwirtschaftskrise der Jahre 1929 bis 1933 Ereignisse wie die außerordentlich heftigen Klassenkämpfe in Deutschland, den USA und anderen kapitalistischen Ländern, aber auch solche Vorgänge wie der Bürgerkrieg in Spanien und die Volksfront in Frankreich verbunden waren. Ein Teil der Bourgeoisie, so stellte er fest, wollte diesen Prozeß durch Reformen und teilweise Zugeständnisse auf-

[14] K. Marx/F. Engels, Werke, Band 22, Berlin 1963, S. 510

halten (der „New Deal“ Roosevelts). Ein anderer Teil dagegen beschritt den Weg des Faschismus.[15] Heute, unter veränderten Bedingungen, da für die Bourgeoisie die Verhaltensvarianten eingeengt sind, verstärken sich die Differenzen zwischen den verschiedenen Kräften der herrschenden Klasse in der Frage nach dem „Ausweg“. Dabei hat die Variante, mit Hilfe bürgerlicher Reformen eine Stabilisierung des politischen Systems zu erreichen, keineswegs an Bedeutung verloren.
Es bleibt deshalb eine wichtige Aufgabe, sich unter diesem Gesichtspunkt auch von den einzelnen staats- und rechtswissenschaftlichen Disziplinen aus mit den sogenannten Reformen des Strafrechts, Zivilrechts, Familienrechts usw. auseinanderzusetzen. Zugleich steht heute die wirklich geschichtliche Aufgabe, zu verhindern, daß die reaktionärsten Kräfte der Bourgeoisie erneut versuchen, auf dem Wege des Krieges und des Faschismus aus der Krise herauszukommen. Für uns bedeutet das, vor allem den Klassencharakter des gegenwärtigen Faschismus und Neofaschismus, die Kontinuität und die Unterschiede zwischen dem Faschismus der Gegenwart und dem „traditionellen“ Faschismus sowie seine konkreten Erscheinungsformen in dem jeweiligen Land aufzudecken. Im Zusammenhang mit der internationalen Diskussion dieser Fragen sollten besonders folgende Probleme Gegenstand weiterer Forschungsarbeit sein:

- Die Tendenzen der Faschisierung der Staatsmaschinerie in den entwickelten kapitalistischen Ländern, besonders die Tendenz der Unterwanderung des bürgerlichen Staatsapparates durch reaktionäre und faschistische Formen und Methoden, die die institutionellen, personellen und gesetzlichen Voraussetzungen für einen plötzlichen Übergang zu faschistischen Herrschaftsformen und -methoden schaffen.
- Die Tendenz, den Faschismus in Ländern, in denen die Herrschaft der Bourgeoisie akut gefährdet ist, durch Aktionen von außen an die Macht zu bringen, ihn gewissermaßen zu exportieren (USA – Chile). Dieser „exportierte oder importierte Faschismus stellt die Vereinigung der Interessen des internationalen Imperialismus sowie der reaktionären einheimischen Bürokratie und Militärclique dar“, heißt es in einer Diskussion, die in der Zeitschrift „Probleme des Friedens und des Sozialismus“ geführt wurde.[16]

Drittens ist der ganze Komplex von Problemen, der sich aus der Vertiefung der Krise der bürgerlichen Gesellschaft und ihrer politischen Institutionen ergibt, nicht von den Fragen zu trennen, die die Wege und Formen der Heranführung der Massen an tiefgreifende gesellschaftliche Veränderungen, an den revolutionären Prozeß des Übergangs vom Kapitalismus zum Sozialismus betreffen. In ihrem Kern betreffen diese Fragen nicht nur die entwickelten kapitalistischen Länder, sondern auch die Länder der „dritten Welt“, in denen die progressiven Kräfte nach sozialistischen Wegen suchen. Die Gesetzmäßigkeiten dieses Übergangs werden heute unter den unterschiedlichsten Bedingungen wirksam. Die kommunistischen Parteien in den kapitalistischen Ländern unternehmen große Anstrengungen, um den unterschiedlichen Bedingungen Rechnung tragend, die Wege und Formen der Heranführung möglichst breiter Schichten an grundlegende gesellschaftliche Umgestaltungen zu finden. Gewiß ist jedoch: Welche Formen der revolutionäre Prozeß in diesem oder jenem kapitalistischen Land auch annehmen wird, er muß die Hauptfrage lösen: den Übergang der politischen Macht aus den Händen der Bourgeoisie in die Hände der Arbeiterklasse. Die Vielfalt und Kompliziertheit der konkreten sozialökonomischen und politischen Bedingungen und

---

15 Neues Deutschland, Berlin, vom 4. 8. 1976, S. 3

16 Probleme des Friedens und des Sozialismus, Berlin, Heft 5/73, S. 626

der Aufgaben, mit denen die kommunistischen Parteien heute konfrontiert werden und nicht zuletzt der massive ideologische Druck, den die Bourgeoisie heute ausübt, stellen hohe Anforderungen an die Verteidigung und schöpferische Anwendung der marxistisch-leninistischen Lehre vom Staat. Es steht nicht zur Debatte, daß wir dazu unseren Beitrag leisten, sondern wie wir unseren Beitrag wirksamer, effektiver, qualifizierter gestalten können.

HERMANN KLENNER

Methodologische Bemerkungen zu den gegenwärtigen Grundrichtungen der bürgerlichen Rechtsideologie

(1)

Bertolt Brecht – die Prosaiker unter Ihnen mögen mir diesen Anfang verzeihen – meinte von Marx und Engels, sie äußerten die meisten *ihrer* Ansichten, indem sie die Ansichten *anderer* angriffen, so daß ihre Bücher teilweise nur zu verstehen seien, wenn man auch die schlechten Bücher ihrer Gegner lese.[1]

Nun ist gewiß die heutige Situation für einen materialistischen Dialektiker insofern grundsätzlich anders als der Wissenschaftsfortschritt primär von einer erfolgreichen Untersuchung und Verallgemeinerung der Erfahrungen des realen Sozialismus abhängt, jedenfalls in unserem Aufgabenbereich. Daraus aber zu schließen, daß eine Analyse der rechtsideologischen Widerspiegelung der in der Welt noch allzu reichlich vorhandenen bürgerlichen Gesellschafts- und Rechtspraxis nicht oder wenn schon dann ausschließlich von dafür spezialisierten Wissenschaftlern zu erfolgen brauche, hieße den weltrevolutionären Anspruch des Proletariats aufzugeben. Diesem weltrevolutionären Anspruch des Proletariats entspricht aber der Universalitätsanspruch des Marxismus-Leninismus.

In der Welt der internationalen *Politik* geht es um Koexistenz. In der Welt der internationalen *Wissenschaft* geht es um Kontraexistenz. Der den Interessengegensatz zwischen Bourgeoisie und Proletariat sowohl artikulierende wie auch orientierende Meinungsgegensatz zwischen den bürgerlichen und den marxistischen Rechtstheoretikern reproduziert aber nicht nur die grundlegenden ökonomischen und politischen Verhältnisse in der Welt von heute: er ist auch ein Mittel ihrer Entwicklung nach vorn. Er kann das in dem Maß, in dem er zur progressiven Veränderung von Verhaltensweisen, Rechtsnormen und Gerichtsurteilen beiträgt.

Marxistisch-leninistische Gesellschaftswissenschaft ist demnach bei Strafe ihres Wesensverlustes internationalistisch, und zwar vor allem, weil infolge des einheitlichen Epochecharakters unserer Zeit eine Vernachlässigung von Praxis und Theorie des Kapitalismus durch die Theoretiker des Sozialismus nie und nimmer zu einer dem Wissenschaftsanspruch des Marxismus-Leninismus genügenden Theorie führen kann. Insofern ist die Analyse der wirklichen Welt samt ihres ideologischen Widerscheins unverzichtbarer Ausgangspunkt wahrer Wissenschaftlichkeit. Sie ist bekanntlich unvereinbar mit einem bloß deduktiven Konsequenzziehen aus bereits Erkanntem. Damit ist über uns selbst Kritisches in einer Dimension gesagt, für die manche von uns kein Organ mehr haben.

Spinozas „die Wahrheit erleuchtet sich selbst und das Gegenteil" schließt den Gedanken ein, daß die Wahrheit gewonnen wird durch die Beleuchtung ihres Gegenteils. In der

---

[1] Brecht, Prosa, Berlin 1975, Bd. 4, S. 76

Praxis des Wissenschaftsfortschritts sind Verifikationen untrennbar verbunden mit Falsifikationen. Es gibt keinen erfolgreichen Selbstverständigungsprozeß der marxistischen Rechtswissenschaft ohne eine intrigierte kritische Analyse der Welt des Rechts und der Rechtsideologie – auch auf der anderen Seite der Barrikade. Der marxistische Rechtsbegriff erstreckt sich auf jede Art und Form von Recht[2]. Keiner von uns scheint mir für ideologiekritische Abstinenz legitimiert.

(2)

Um die bürgerliche Rechtsideologie in den Griff zu bekommen, muß man sie auf den Begriff bringen. Infolge ihrer pluralen Erscheinungsform – kein bürgerlicher Rechtstheoretiker, Rechtsphilosoph oder Rechtssoziologe, von den Dogmatikern ganz zu schweigen, produziert bürgerliche Rechtsideologie als solche, er betreibt in Konkurrenz zu anderen sein eigenes Geschäft – gewinnt die Frage nach den Hauptströmungen, den Grundrichtungen bürgerlichen Rechtsdenkens an Bedeutung. Die Bedeutung des damit aufgeworfenen Klassifizierungsproblems nimmt gegenwärtig zu, da infolge der allgemeinen Krisensituation das überkommene System verhältnismäßig stabiler (teils positivistischer, teils naturrechtlicher) Leitbilder innerhalb der Juristenideologie arg ins Wanken geraten ist. Für den Betrachter der Szenerie dominieren neuartig erscheinende Differenzierungen und Integrierungen, die dem rechtswissenschaftlichen Grundlagendenken jedenfalls den Vorwurf ersparten, transparent zu sein. Auch auf dem Felde der Rechtswissenschaft spricht das Kapital mit vielen Zungen.
Wie überall sonst so hängt auch die Klassifizierung der bürgerlichen Rechtsideologie von der Wahl des Klassifikationskriteriums ab. Da es deren mehrere gibt, kann es also auch kein alleinseligmachendes Klassifikationsergebnis geben. Überdies ist die zeitliche und strukturelle Relativität jeder Klassifikation ins Kalkül zu ziehen.
Für problematisch halte ich die Einteilung in rationale und irrationale Theorien. Zwar gibt es einerseits offen zugegebenen Irrationalismus (bei Arthur Kaufmann etwa) und andererseits gibt es behaupteten Rationalismus (bei Albert etwa), aber wir können schlecht die Selbsteinschätzung der Rechtstheoretiker zum Kriterium unserer Klassifizierung machen. Überdies bezeichnet sich die tatsächlich auf einem irrationalen Gebilde fußende neothomistische Rechtslehre als vernunftgemäß,[3] während die Stückerkstechnologie des kritischen Rationalismus eingestandenermaßen auf einer irrationalen Vorentscheidung beruht und grade die für den Juristen unverzichtbare Kategorie „Rechtsnorm" als Erfindung ohne Erkenntniswert, als Konstruktion ohne Wahrheitsanspruch, als kognitiv bloß maskierten Satz bezeichnet.[4]
Übrigens sind in jeder bürgerlichen Rechtsideologie, sogar in der Rechtsmystik des Günther Küchenhoff (und das will was heißen), rationale Elemente enthalten, andernfalls fände ihr irrationaler Wesensgehalt heutzutage nur schwerlich eine Wirkungsmöglichkeit. Es kann sich also bei der kritischen Betrachtung bürgerlicher Rechtsideologie immer nur darum handeln, den jeweils unterschiedlichen Einsatzbereich der jedenfalls jeder Strömung immanenten rationalen und irrationalen Denkweise aufzuspüren, sowie seine gesellschaftlichen Ursachen und Folgen zu untersuchen. Darin liegt ein unerläßliches Mittel, um den unterschiedlichen Stellenwert der verschiedenen Systeme festzustellen.

---

2 Vgl. I. Szabó, in: International Encyclopedia of Comparative Law, Tübingen/The Hague/Paris 1975, Vol. 2, p. 49

3 F. Böckle, Naturrecht in der Kritik, Mainz 1973, S. 175

4 H. Albert, Erkenntnis und Recht, in: Jahrbuch für Rechtssoziologie und Rechtstheorie, Bielefeld 1972, Bd. 2, S. 95

Ein freilich mehr auf den ersten als auf den zweiten Blick sinnvolles Kriterium zur Einteilung und Beurteilung der verschiedenen Richtungen bürgerlichen Rechtsdenkens liegt im politischen Standort (nicht so sehr der Ideologieproduzenten als vielmehr) der verschiedenen Ideologien. Aber was bei der Betrachtung von *Staats*theorien sich als durchaus produktiv erweist, sie nämlich in konservative, sozialreformerische und in linksradikale einzuteilen, ergibt bei einem analogen Vorgehen auf dem Forschungsfeld der *Rechts*theorien nur unbefriedigende Ergebnisse. Abgesehen von linksradikal gemeinten Auffassungen[5] bewegen sich die meisten rechtstheoretischen Gedankengebilde auf einer so hohen Abstraktionsebene, daß sie durch das Sieb dieser Einteilung fallen. Schon eher ist dieser Raster nützlich, wenn es darauf ankommt, die verschiedenen Standpunkte zu konkreten Rechtsfragen (etwa: Ist die paritätische Mitbestimmung grundgesetzwidrig?; Gibt es rechtsverletzende Gesetze?; Unter welchen Voraussetzungen sind Allgemeine Geschäftsbedingungen richtig?; Sind politische Gesinnungstäter kriminell?) zu bewerten.

Durchaus sinnvoll ist auch die Unterscheidung von Stabilisierungs- und Mobilisierungsideologien, die zwar nicht völlig übereinstimmt, aber doch parallel läuft zu der vom Adressatenprinzip her entwickelten Einteilung in Juristen- und in Alltagsideologien, zu denen noch die mehr als Exportideologie benutzten Gedankengebilde kommen. Die hauptsächlich für den inneren Gebrauch der Juristen produzierten Techniken und deren Rechtfertigung, etwa die Reine und die Systemstrukturelle Rechtslehre, sind kompliziert konstruierte Anleitungstheorien. Höchstens ihre Prämissen haben eine Chance, in Alltagsbewußtsein verwandelt zu werden. Anders die juristischen Alltagstheorien, etwa die klerikale oder die sozialreformistische, in denen die apologetisch-demagogische Funktion bürgerlicher Rechtsideologie ausgeprägter ist als ihre administrativregulative Funktion. Letzteres gilt natürlich auch für die juristischen Exportideologien, in denen die Manipulationsabsicht ihrer Produzenten und Händler es verbietet, von Wissenschaft überhaupt zu sprechen.

Häufig anzutreffen und von nicht unbeträchtlichem Wert ist eine Klassifizierung des bürgerlichen juristischen Grundlagendenkens nach den hauptsächlichen philosophischen Quellen seiner Vertreter.[6] So werden dann etwa die entsprechenden Adapten des Marburger Neukantianismus (Stammler) von seinem südwestdeutschen Vetter (Radbruch), des Neuhegelianismus (Larenz) von Neothomismus (Villey) und Existentaialismus (Fechner) usw. unterschieden. Natürlich gibt es normalerweise keine bloß lineare Beeinflussung (Luhmann zum Beispiel steht in der intellektuellen Nachfolge der Neukantianer, der Phänomenologie aber auch der klerikalen Ontologie, und das reicht noch nicht einmal!), und schon gar nicht sind die Philosopheme kausal für das Rechtsdenken. In wechselseitiger Eintracht sind vielmehr beide verursacht durch die objektiven Lebensbedingungen der bürgerlichen Gesellschaft: hier liegen ihre wirklichen Wurzeln, hier liegt ihr Betätigungsfeld, und aus den Bedürfnissen dieser Gesellschaft ergeben sich auch die Einsichtsgrenzen ihrer Rechtstheoretiker, -soziologen und -philosophen.

Für die konkrete Analyse des juristischen Grundlagendenkens eines bestimmten Landes oder Rechtskreises hat sich zweifellos die Einteilung nach den verschiedenen originären Produzenten von Rechtsideologie samt deren Schüler- und Anhängerschar bewährt. Dabei

---

[5] Vgl. Klenner, Plädoyer für eine materialistische Rechtstheorie, in: Rechtswissenschaft und Arbeiterbewegung (Rabofsky-Festschrift), Köln 1976, S. 32 ff.

[6] Vgl. etwa das Schema der rechtsphilosophischen Gegenwartsströmungen bei A. Kaufmann, Durch Naturrecht und Rechtspositivismus zur juristischen Hermeneutik, in: Juristenzeitung, Tübingen 1975, S. 340 (mit der in diesem Schema der marxistischen Rechtstheorie zugedachten Rolle wird sich allerdings wohl keiner der genannten Marxisten einverstanden erklären können)

spielen philosophische Quellenprobleme, der Gesetzgebungs- und Kodifikationszustand, aber auch ein unterscheidbarer methodischer Ansatz für die Justiztätigkeit, politische aber auch religiöse Positionen und nicht zuletzt nationale Traditionen eine jeweils genau herauszuarbeitende und zu bewertende Rolle. Hier zeigen sich auch nur kurzfristig konsistente Schulen, die mehr von einer beschränkten Aufgabenstellung zusammengehalten werden (wie z. B. die Freirechtsschule zu Beginn dieses Jahrhunderts in Deutschland).

Mir scheint aber eine andere Klassifikation dann angebracht, wenn es sich nicht um die detaillierte Untersuchung der Existenzweise bürgerlicher Rechtsideologie in einem bestimmten Land zu einem gewissen Zeitpunkt, sondern um *die für das internationale bürgerliche Rechtsdenken einer ganzen Epoche gültigen Grundrichtungen oder Hauptströmungen der bürgerlichen Rechtsideologie* handelt. Seitdem die Bourgeoisie ihre Klassenherrschaft realisiert, im wesentlichen mit dem bürgerlichen Recht, teilweise aber auch gegen die in ihm formulierten Verhaltensanforderungen, ist für die dieser Diktatur samt ihrer rechtsideologischen Bemäntelung entgegenwirkende Arbeiterklasse von wohl vorrangiger Wichtigkeit, mit welchen Argumenten und Methoden die ideologischen Repräsentanten der ökonomisch und politisch herrschenden Klasse den Inhalt des Rechts legitimieren und kritisieren. Unter diesem zugleich weltanschaulich grundsätzlichen wie juristisch relevantem Gesichtspunkt kann man zwei Strömungen des rechtswissenschaftlichen Grundlagendenkens unterscheiden:

a) Theorien und Methoden, die auf eine *Selbstlegitimation* des bürgerlichen Rechts hinauslaufen; das positive Recht sei richtig, weil es positiv (gesetzt, geurteilt oder eingehalten) ist, das Recht beruhe auf dem Recht, es gebe keine kausale, zumindest keine wissenschaftlich erörterungsfähige Beziehung zwischen dem Rechts- und dem Gesellschaftszustand, sowie zwischen Recht und Gerechtigkeit: der Wert einer Norm ergebe sich aus dem Maß ihrer Befolgung.[7] Für einen Standpunkt, der das jeweilige Recht bereits dadurch gerechtfertigt sieht, daß es herrscht, kann es einen kritischen Standpunkt zu diesem Recht also nur zur Beseitigung etwa vorhandener logischer Ungereimtheiten oder anderer innersystemarer Unvollkommenheiten, also mit dem Ziel seiner Perfektionierung geben. Daß jeder grundsätzliche Verzicht auf eine wissenschaftlich legitimierte *inhaltliche* Kritik am Recht die Aussage involviert, daß der Aussagende davon Abstand nimmt, das Recht zu kritisieren, leuchtet wohl ein.

Die sich mit einer Selbstlegitimation des Rechts begnügende Strömung der bürgerlichen Rechtsideologie tritt in verschiedenen konsistenten Varianten auf, von denen hier genannt seien:

a 1) Der *Normativismus,* der das Recht dann für legitimiert hält, wenn das Gesetzgebungsorgan formal korrekt gearbeitet hat. Hierher gehören also die Theorien von Austin (The Province of Jurisprudence Determined, 1832) und von Kelsen[8], aber auch die von Hart[9], dem es in dem beschränkten Rahmen seiner analytischen Vorstellungswelt ausschließlich um die logische Struktur der Rechtssätze und um die Bedingungen ihrer formalen Geltung geht.

a 2) Der *Dezisionismus,* der das Recht dann für legitimiert hält, wenn es sich in den

---

[7] So: St. Jörgensen, Recht und Gesellschaft, Göttingen 1971, S. 21

[8] H. Kelsen, Reine Rechtslehre, Wien 1967, zur Kritik: Klenner, Rechtsleere, Berlin 1972; U. Cerroni, Marx und das moderne Recht, Frankfurt/M. 1974, S. 137 ff. sowie V. Peschka, Grundprobleme der modernen Rechtsphilosophie, Budapest 1974, S. 24 ff.

[9] H. L. Hart, der Begriff des Rechts (1961), Frankfurt/M. 1973; zur Kritik vgl. Klenner, in: Deutsche Literaturzeitung, 1975, S. 609 ff.

Entscheidungen der Gerichte oder anderer staatlicher Organe formiert. Die Vertreter des sog. amerikanischen Realismus gehören etwa hierher, denen als Recht entweder gilt, was die Gerichte für Recht halten, oder die Voraussage dessen, was sie für Recht halten werden (J. Frank, Law and the Modern Mind, 1930; K. Llewellyn, Jurisprudence, 1962).

a 3) Der *Psychologismus,* der das Recht deshalb für legitimiert hält, weil es dem Volksbewußtsein entspreche. Die Vertreter des sog. skandinavischen Realismus gehören hierher, wobei allerdings manchmal nicht klar wird, ob das Recht deshalb Recht sei, weil es das Volk anerkannt habe, oder ob das, was das Volk für richtig hält, Recht sein solle (A. Hägerström, Inquiries into the Nature of Law, 1953; K. Olivecrona, Law as Fact, 1939).

a 4) Der *Soziologismus,* der als Recht das legitimiert, was sich im tatsächlichen Verhalten, in den Gewohnheiten und Gebräuchen als herrschend durchsetzt (unverblümt: E. Ehrlich, Grundlegung der Soziologie des Rechts, 1913).

Neben den Theorien und Methoden, die – oft in verblüffend naiver, philosophisch primitiver Weise – von einer Selbstlegitimation des Rechts ausgehen (und daher das von ihnen als jeweils geltend definierte Recht auch rechtfertigen) gibt es eine ganze Gruppe von Theorien und Methoden, die man unter die andere Strömung des rechtswissenschaftlichen Grundlagendenkens zusammenfassen kann, als

b) *Fremdlegitimation* des bürgerlichen Rechts. Danach wird das positive Recht gemessen an einer transpositiven Normen- oder Wertordnung, an seiner Übereinstimmung mit einer als übernatürlich ausgegebenen oder in die Menschenbrust verlegte unwandelbare oder auch bewegliche Anforderungsstruktur, deren grundsätzliche Nichtbeachtung für das positive Recht unter Umständen letale Folgen hat. Theorien dieser Art bieten einen Ansatz für (linke wie für rechte) Kritik des Rechts, ihre Argumentationen vermögen das Rationalitätsdefizit des bürgerlichen Rechts in der Welt von heute methaphysisch zu überbrücken, indem mangelndem *Legalitäts*glauben durch argumentierte *Legitimitäts*krücken abgeholfen wird, ein politisch nicht ungefährliches Geschäft, wenn man bedenkt, daß besonders im Imperialismus der Bruch der bürgerlichen Gesetzlichkeit von der regierenden Bourgeoisie selbst betrieben wird.[10]

Die eine Fremdlegitimation des Rechts anbietende Strömung der bürgerlichen Rechtsideologie tritt in verschiedenen konsistenten Varianten auf, von denen hier genannt seien:

b 1) Der *Instrumentalismus,* der die inhaltlichen Anforderungen des geltenden Rechts daran mißt, ob und inwieweit sie sich als geeignete Mittel zur Erreichung eines bestimmten Ziels erweisen. Theorien dieser Art pflegen in der Nachfolge vor allem von Max Webers Zweck-Mittel-Rationalität zustehen[11]; dies gilt oft auch dann, wenn sich ihr Autor gegen eine solche Abhängigkeit verwahrt, wie im Fall einer neuerlichen Fixierung der Strafrechtsdogmatik als einer operationalisierten Relevanzbestimmung der Kriminalpolitik.[12]

b 2) Der *Funktionalismus,* der das Recht danach beurteilt, inwieweit es ein integrativer Mechanismus des existenten Sozialsystems ist. Aufgabe des Juristen, als eines Sozialtechnologen, ist es nach dieser vor allem von T. Parsons (The System of Modern Societies, Englewood Cliffs, 1972) und N. Luhmann[13] konstruierten systemstruk-

[10] Vgl. Lenin, Werke, Berlin 1962, Bd. 16, S. 315; dazu J. Dötsch, in: Staat und Recht, 1976 S. 1033 ff.

[11] M. Weber, Rechtssoziologie, Neuwied 1967, S. 329 ff. Zur Kritik vgl. V. Peschka, in: Acta Jurdica, Budapest 1973, Bd. 15, S. 263 ff.

[12] W. Hassemer, Strafrechtsdogmatik und Kriminalpolitik, Reinbek 1974, S. 194

turellen Rechtstheorie das Recht in Konformität mit dem herrschenden Gesellschaftsystem zu halten und durch eine dementsprechende Rechtsanwendung die reibungslose Funktionalität des Rechts zu gewährleisten sowie bei der Bevölkerung Vertrauen zu den systemkonformen Entscheidungen zu produzieren.

b 3) *Die Topik,* die in der maximalen Diskutierbarkeit seiner Anforderungen das Legitimitätskriterium des Rechts sichert. Zum Unterschied von der instrumentalen und der funktionalen Rationlität streben die Topiker eine diskursive Rationlität an: da die Legitimationskette des Rechts ins Unendliche reiche, könne man nie zu einer *sachlich* zureichenden Rechtfertigung des Rechts gelangen, und daher müsse man sich mit einer *förmlich* zureichenden, d. h. mit einer diskutierbaren Rechtfertigung begnügen. So etwa Ch. Perelman (La Theorie de l'Argumentation, 1963) und Th. Viehweg.[14]

b 4) Die *Hermeneutik,* die in ihrer juristischen Erscheinungsform das Recht nicht aus starren Normen für logisch deduzierbar hält, sondern aus lebendiger, geschichlicher Sprache zu destillieren verspricht, will dadurch einen kritischen Ansatz zum Recht finden, daß sie die außerbewußten Strukturen des Rechtsdenkens: das Vorverständnis der Gesetzgeber und Richter transparent zu machen und dadurch eine Kritik des Systems zu ermöglichen in Aussicht stellt. Hier gehen Erklärung und Rechtfertigung des Rechts rational ununterscheidbar ineinander über. Die Hauptvertreter dieser Richtung sind E. Betti (Teoria generale della Interpretazione, 1955), J. Esser (Vorverständnis und Methodenwahl in der Rechtsfindung, 1970) und vor allem A. Kaufmann.[15]

b 5) Die *Kritische Theorie* der Frankfurter Schule, deren juristische Anhänger[16] in kaum zu bestreitender Nachbarschaft zur Topik und zur Hermeneutik von einem freilich sozial aufgeschlosseneren Standpunkt aus Rechtsnormen dann für rechtfertigungsfähig halten, wenn sie verallgemeinerungsfähige Interessen ausdrücken. Ob Gesellschaftsinteressen verallgemeinerungsfähig sind, könne im Ergebnis eines „herrschafsfreien" Dialogs, bei dem kein Zwang außer dem des besseren Arguments wirke, durch den vernünftigen Konsensus innerhalb der Kommunikationsgemeinschaft der Betroffenen herausgefunden werden, wie es bei Habermas verheißen wird.[17]

b 6) Der *Anthropologismus,* der mit Hilfe der dem Menschen angeblich von Gott einverseelten, in ihn auf natürlichem Weg hineingebrüteten existentiellen Grundstruktur, seiner „Urgegebenheiten", das Recht legitimiert oder kritisiert (M. Buber, Das Problem des Menschen, 1971; A. Gehlen, Der Mensch 1955; Gadamer/Vogler, Philosophische Anthropologie, 1975; H.-J. Lampe, Rechtsanthropologie, 1970; E. Wolf Rechtstheologische Studien, 1972. Und schließlich

---

13 Vgl. N. Lubmann, Rechtssoziologie, Reinbek 1972; zur Kritik vgl. Klenner, Die Macht der Ohnmacht, in: Demokratie und Recht, Köln 1976, Heft 1, S. 14 ff. Zur rechtstheoretischen Bewertung der Luhmann-Quelle T. Parsons vgl. L. S. Jawitsch, Allgemeine Rechtstheorie, Leningrad 1976, S. 283 (russ.)

14 Th. Viehweg, Topik, München 1953/1974; zur Kritik: Klenner, Rechtsphilosophie in der Krise, Berlin 1976, S. 27 ff.

15 A. Kaufmann, Rechtsphilosophie im Wandel, Frankfurt/M. 1972, zur Kritik vgl. Klenner, ebenda, S. 77 ff.

16 Vgl. die in dem von H. Rottleuthner herausgegebenen Band „Probleme der marxistischen Rechtstheorie", Frankfurt 1975, abgedruckten Beiträge von O. Negt, W. Paul, D. Böhler und Rottleuthner

17 J. Habermas, Legitiomationsprobleme im Spätkapitalismus, Frankfurt/M 1974; zur Kritik vgl. Klenner, in: Deutsche Zeitschrift für Philosophie, 1975, S. 861 ff.

b 7) der *Klerikalismus*, der die Verhaltensanforderungen des positiven Rechts an der angeblich göttlich inspirierten objektiven Seinsordnung von normativer Qualität mißt (P. d'Entreves, Natural Law, 1951; A. Verdross, Abendländische Rechtsphilosophie, 1958; A.-F. Utz, Rechtsphilosophie, 1963; M. Villey, Philosophie du droit, 1975).

(3)

Wenngleich einer Unterschätzung des Differenzierungsprozesses innerhalb der bürgerlichen Rechtsideologie entgegengetreten zu werden verdient, – nicht wir sind an einer Einebnung der objektiv vorhandenen Meinungsunterschiede zwischen den verschiedenen Strömungen und Schulen des Rechtsdenkens interessiert – so darf andererseits das erzielte Klassifikationsergebnis, ergänzungsfähig und ausbesserungsbedürftig wie es ist, nicht überbewertet werden:
Zunächst sind die Grenzen zwischen den verschiedenen Richtungen fließend und es wird bei fast allen Gruppen mit einer unterschiedlichen Dosierung von jedenfalls vergleichbaren Methodiken und Argumentationen gearbeitet, positivistische wie naturrechtliche Denkweisen gehen ineinander über. Wenn etwa Alois Troller schreibt, daß „es zwar niemandem bisher gelungen sei, eine transzendente Norm vorzuzeigen, aber die bedeutenderen Denker davon überzeugt waren, daß es sie gebe“[18], dann geht von dieser Meinung eben eine ambivalente Wirkung aus.
Sodann nimmt im Verlauf der bürgerlichen Gesellschaftsentwicklung tendenziell der Eklektizismus in der Rechtsideologie zu. Das zeigt sich an dem z. B. von J. Stone (The Province and Function of Law, 1950) demonstrierten Nebeneinander der Welt des Seins, der Welt des Sollens und der Welt der Werte, das begrifflich nicht überbrückt und daher von absolut verselbständigten Wissenschaftsdisziplinen (Rechtssoziologie, Rechtstheorie, Rechtsphilosophie) erforscht werden müsse. Das zeigt sich aber auch in der Herausbildung von Schulen mit einem ausgesprochenen eklektischem Gepräge, wie es etwa bei der egologischen Rechtslehre (C. Cossio, La teoria egologica, 1944) oder-bewußter noch aus der Not eine Tugend machend – bei der integrativen Jurisprudenz der Fall ist.[19]
Zudem ist es für die plurale bürgerliche Rechtsideologie kennzeichnend, daß sie sich aus miteinander verschwisterten und aufeinander angewiesenen Komplementärtheorien zusammensetzt, deren Kontroversen ständig in Konvergenzen umschlagen. Innerhalb der bürgerlichen Rechtsideologie können wir eine objektiv bedingte Arbeitsteilung und nicht selten eine heimliche Allianz ihrer Autoren beobachten.
Und schließlich gibt es keine zwingende Parallelität und erst recht keine lineare Kausalität zwischen den grundlegenden bürgerlichen Rechtslehren, den politischen Positionen ihrer Autoren und Anhänger sowie der fraktionellen Interessenstruktur der Bourgeoisie.[20] Dazu einige Beispiele:
Mit Hilfe naturrechtlicher Argumentationen klerikaler Herkunft hat sich nach dem zweiten Weltkrieg in Westdeutschland die Restauration der Rechtspraxis legitimieren lassen

---

[18] Troller, Grundriß einer selbstverständlichen juristischen Methode und Rechtsphilosophie, Basel 1975, S. 85

[19] J. Hall, Foundations of Jurisprudence, New York 1973; Hall, Integrative Jurisprudence, in: The Hastings Law Journal, Vol 27, p. 779 ff. (1976). – Allgemein über den Eklektizismus der bürgerlichen Rechtsphilosophie in der Gegenwart vgl. K. A. Mollnau, Vom Aberglauben der juristischen Weltanschauung, Berlin 1974, S. 27 ff.

[20] Vgl. W. A. Tumanow, Bürgerliche Rechtsideologie, Berlin 1975, S. 96 sowie D. Bergner/R. Mocek, Bürgerliche Gesellschaftstheorien, Berlin 1976, S. 23

ebenso wie der Alleinvertretungsanspruch der Adenauer-Regierung oder die Hintertreibung des grundgesetzlich verordneten Gleichberechtigungsgebots der Geschlechter. Andererseits haben 1968 die lateinamerikanischen Arbeiter ihre progressiven, teilweise sogar revolutionären Forderungen in ihrem offenen Brief an Papst Paul VI. naturrechtlich gerechtfertigt.[21] In den rechtspolitischen Gegenwartsauseinandersetzungen der BRD treten hermeneutisch Argumentierende für und gegen die Unrechtspraxis der Berufsverbote auf, wird einerseits (von G. Stuby) in bester Absicht versucht, das Bonner Grundgesetz „antifaschistisch-demokratisch" aufzuladen, während ihm gleich von einer ganzen Gruppe anderer in ebenfalls bester Absicht vorgehalten wird, seine naiv gehandhabte Argumentationsweise topischen Charakters sei nicht nur wissenschaftlich verfehlt, sie sei auch praktisch unbrauchbar, jedenfalls für progressive Bedürfnisse.[22]
Aus all dem ergibt sich die *begrenzte* Bedeutung von Klassifizierungsdebatten, deren Aufwand daher in Grenzen zu halten ist und an deren Ergebnis keine übertriebenen Erwartungen gestellt werden dürfen.

(4)

In den sechziger Jahren hat im Gefolge von Veränderungen im internationalen Kräfteverhältnis und einer Zuspitzung innerer Widersprüche in den Ländern des Kapitals – es sei an die Septemberstreiks von 1969 und die Welle der Studentenproteste von San Francisco bis Frankfurt am Main erinnert – die bürgerliche Rechtsideologie dem Linksdruck nicht immer standgehalten. Das war an den behandelten Problemen, an der überwiegend defensiven Argumentationsweise, was die Gebrechen des Kapitalismus betrifft, und auch daran zu spüren, daß speziell unter ihren jüngeren Vertretern ein demokratisches Engagement in der Rechtspraxis nach einer angemessenen Veränderung der Rechtstheorie drängte. Wenn etwa, von Naturrechtlern wohlgemerkt, vorgeschlagen wurde, die Dogmen von der ontologischen Qualität des Naturrechts, von der Kongruenz der göttlichen mit der menschlichen Vernunft, von der universalen Gültigkeit und der unmittelbaren Rechtsqualität des Naturrechts sowie von der Authentizität der kirchlichen Naturrechtsinterpretation aufzugeben[23], dann ist das nur als Widerspiegelung realer Klassenkräfteveränderungen in der Welt von heute zu begreifen.
Inzwischen verspüren wir eine gegenläufige Tendenz: allenthalben haben sich die in die Defensive geratenen rechten Kräfte auch ideologisch formiert: Eigentum geht wieder offen vor Mitbestimmung, Sicherheit vor Gerechtigkeit, und die SPD wetteifert mit der CDU, wer wohl besser die staatliche Autorität stärken und Law nebst Order Respekt verschaffen könne.[24] Ein Rechtsphilosoph, der vor zehn Jahren mit dem jungen Marx kokettierte, steht heute als Freidemokrat an der Spitze der repressivsten Staatsorgane in der BRD. Philosophen, die sich früher nicht genug ihrer unpolitischen Position rühmen konnten und die Wissenschaft für unvereinbar mit Politik ausgaben, haben dem verlogenen Wahlkampfslogan der CDU „Freiheit statt Sozialismus" eine metaphysische Weihe verpaßt.[25] Ein bundesdeutscher Rechtstheoretiker, berüchtigt für seine Abstraktionssucht, hat inzwischen zu den rebellierenden Studenten im politischen Klartext gesprochen und überdies seine rechtsideologischen (im Doppelsinn des Wortes) Dienste auf einem Kon-

[21] Abgedruckt in: E. Feil (ed), Diskussion zur Theologie der Revolution, München 1970, S. 342
[22] Vgl. die Diskussion in: Demokratie und Recht, Köhl 1976, H. 2, S. 143, 157
[23] So: F.-X. Kaufmann, in: Naturrecht in der Kritik, Mainz 1973, S. 135; zur Kritik: Klenner, in: Deutsche Literaturzeitung, 1974, S. 630
[24] Vgl. D. Posser/R. Wassermann (ed), Freiheit in der sozialen Demokratie: 4. Rechtspolitischer Kongreß der SPD, Karlsruhe 1975
[25] E. Topitsch, „Freiheit statt Sozialismus" – nur Parole?, in: Die Presse, Wien, 28. August 1976, S. 5

greß der CDU/CSU verkauft.[26] Ein anderer, Mitglied der SPD, wie man hört, hat sich zur praefaschistischen Politkonzeption Carl Schmitts als einer unerläßlichen Bedingung der Demokratie bekannt[27], und der als CDU-Ministerpräsident von Niedersachsen praktizierende Staatstheoretiker Ernst Albrecht hat unter bestimmten Voraussetzungen den Gebrauch der Folter (!) gerechtfertigt.[28]
Wir haben es also innerhalb der bürgerlichen Juristenideologie mit einem deutlichen Rechtstrend zu tun. Demokratische Positionen werden neutralisiert oder illegalisiert. Der Antikommunismus als gemeinsamer Offensivnenner forciert. Dabei handelt es sich wohlgemerkt nicht um eine bloße Verschärfung rechts*wissenschaftlicher* Auseinandersetzungen – das wäre als völlig normal zu betrachten –. Es handelt sich darum, daß die Rechtsverschiebung innerhalb der pluralen bürgerlichen Rechtsideologie einhergeht mit einem Einsatz der staatlichen Repressivgewalt gegen die wissenschaftlich gewonnenen Überzeugungen von Marxisten oder einer Annäherung an den Marxismus Verdächtigten.
So ist – ich bitte um Verständnis für die Aneinanderreihung nicht im Detail analysierter Fälle, aber die nahtlose Verbindung von angeblich weltanschauungsfreier, „kritischer" Rechtstheorie mit brutaler Meinungsunterdrückung ist nun einmal die Hexenjagd dieses Jahrhunderts – der Rechtssekretär des DGB gefeuert worden, weil er sich dagegen verwahrt hat, daß für den Sieg der Nazis 1933 linke wie rechte Extremisten verantwortlich seien.[29] So ist, wegen seines Eintretens gegen den Vietnamkrieg der US-Amerikaner, auch ein Mitarbeiter am sozialdemokratischen Orientierungsrahmen 85 vom Berufsverbot betroffen.[30] So hat der Verwaltungsgerichtshof von Baden-Württemberg eine Staatsexamensarbeit deshalb als mangelhaft durchfallen lassen, weil sie nur von einem marxistischen Standpunkt aus als wissenschaftlich bezeichnet werden könne.[31] Man verallgemeinere diese ratio decidendi, und man stößt direkt auf den Klassencharakter des ach so neutralen Pluralismus! Da hat das Westberliner Oberverwaltungsgericht eine Vorlesungsankündigung verboten, in der die Widerstandsbewegung der US-amerikanischen Indianer als Bestandteil des antirassistischen und antimonopolistischen Kampfes in den USA bezeichnet (nicht einmal bewertet) worden war, mit der klassischen Begründung, das Verbot verletze nicht die von der Verfassung gewährte Freiheit der Wissenschaft, da es sich bei dieser Vorlesungsankündigung nicht um Wissenschaft, sondern um Propaganda handelt,[32] und so weiter, und so fort.
Täuschen wir uns nicht: Auch wenn die allgemeine Krise des Kapitalismus bleibt, die Bourgeoisie versucht fieberhaft, aus ihrer zyklischen Gegenwartskrise herauszukommen. Ein Mittel hierfür ist die politisch abgesicherte Herausbildung eines Systems einiger-

---

26 N. Luhmann, Wabawabu in der Universität, in: Zeitschrift für Rechtspolitik, München 1975, H. 1, S. 13 (zur Kritik: W. R. Beyer, Systemtheorie im Griff des Marxismus, Meisenheim 1976, S. 82); J. Perels, Zur rechtspolitischen Strategie der CDU/CSU, in: Kritische Justiz, Frankfurt/M. 1976, H. 2, S. 157

27 H. Lübbe, Dezisionismus – eine kompromittierte politische Theorie, in: Schweizer Monatshefte, 1976, S. 949

28 E. Albrecht, in: Die Zeit, Hamburg, 22. Oktober 1976, S. 12

29 Vgl. Kritische Justiz, Frankfurt/M., 1975, H. 1, S. 70

30 Vgl. ebenda, H. 2, S. 151. Allgemeiner: H. Bethge (u. a.) Die Zerstörung der Demokratie in der BRD durch Berufsverbote, Köln, 1976

31 Vgl. Demokratie und Recht, Köln 1976, H. 1, S. 67. In der offiziösen Wochenzeitung „Das Parlament" (3-1976, S. 1) warnt J. Isensee mehr noch als vor den Molotow-Cocktails handhabenden Anarchisten das verehrte Publikum vor dem kommunistischen Volksschullehrer

32 Vgl. Demokratie und Recht, Köln 1976, H. 2, S. 195

maßen stabiler Leitbilder. Daß die Welt ihrer Werte zusammengebrochen ist, daß, wie es ein bürgerlicher Rechtstheoretiker formulierte, „die Stunde der allgemeinen Desorientierung gekommen ist,“[33] hat längst die konservativen Kräfte unter den bürgerlichen Rechtsideologen auf den Plan gerufen, der Legitimitäts- und Autoritätskrise des heutigen Imperialismus ein Ende zu bereiten. Daß in diesen Auseinandersetzungen auch ein Bewährungsfeld für die differenzierende Urteilskraft der marxistischen Rechtswissenschaft entstanden ist, dürfte kaum zu leugnen sein, müßte jedoch konstruktiv beantwortet werden.

(5)

Das setzt freilich auch unsere Selbstbesinnung auf das ideologie-kritische Methodeninstrumentarium marxistisch-leninistischer Rechtswissenschaft voraus. Die pure Gegenüberstellung von marxistischen und bürgerlichen Ideen (oft in der Form einer gutgemeinten Blütenlese besonders skandalöser Gedankengänge der anderen Seite) ist von Lenin als Preisgabe der materialistischen Methode bezeichnet worden.[34] Jedenfalls überzeugt sie niemanden, macht uns nicht stärker und die anderen nicht schwächer. Vielmehr gilt es, jene goldene Regel der Ideologiekritik ernst zu nehmen, die in der Marxschen Fassung so lautet: „Es ist in der Tat viel leichter, durch Analyse den irdischen Kern der religiösen Nebelbildungen zu finden, als umgekehrt, aus den jedesmaligen wirklichen Lebensverhältnissen ihre verhimmelten Formen zu entwickeln. Die letztere ist die einzig materialistische und daher wissenschaftliche Methode.“[35]

Es soll hier nicht das anderwärts[36] vorgeschlagene Zusammenspiel von immanenter und transzendenter, von falsifizierender und verifizierender, von komperativer und historischer Ideologiekritik erläutert oder exemplifiziert werden, ohne dessen bewußte Handhabung bestenfalls eine Stückwerkkritik geliefert werden kann. Vielmehr möge abschließend die Aufmerksamkeit auf folgendes gelenkt werden: Eine *materialistische* Ideologiekritik hat die (gesellschaftlichen) Ursachen für das Auftreten von Ideen wohl zu unterscheiden von den (theoretischen) Gründen, die ihre jeweiligen Autoren und Anhänger von deren Richtigkeit überzeugt haben. Wenn es aber *dialektisch* zugehen soll, so ist es nicht weniger wichtig, zwischen den (gesellschaftlichen) Wirkungen dieser Ideen und den (theoretischen) Folgerungen zu unterscheiden, die sich aus ihnen ergeben. So wie die Gründe eines Denkers nicht die Ursachen seiner Gedanken sind, so sind deren Konsequenzen auch nicht mit ihrer Wirkung gleichzusetzen. Rechtsideologie ist Begründetes *und* Begründendes, Bewirktes *und* Bewirkendes.

Gelegentlich wird aber das juristische Gedankengut wie eine Art Seismograph behandelt, ein Erdbeben, die Krise der bürgerlichen Gesellschaft lediglich *anzeigend.* Auf diese Weise wird die bürgerliche Rechtsideologie als publizierte Impotenz mißdeutet. Sie zu kritisieren ist dann eigentlich als eine l'art-pour-l'art-Angelegenheit überflüssig, denn daß die kapitalistische Gesellschaft Krisen durchlebt, hat sich auch so herumgesprochen: dazu braucht man den rechtstheoretischen Seismographen wahrlich nicht zu dechiffrieren! Rechtsideologie, um im Bilde zu bleiben, *beeinflußt* aber das Erdbeben. Sie ist, wie das Recht selbst, Widerspiegelung gesellschaftlicher Verhältnisse und zugleich deren Regulationsmittel. So wie das Recht als Ausdrucksform der gesellschaftlichen Erkenntnis realer Verhältnisse ein normatives Instrument gesellschaftlichen Handelns ist, so ist auch die

[33] R. Dreier, Was ist und wozu allgemeine Rechtstheorie, Tübingen 1975, S. 21

[34] Lenin, Werke, Berlin 1961, Bd. 1, S. 231

[35] Marx/Engels, Werke, Berlin 1962, Bd. 23, S. 393

[36] Klenner, Überlegungen eines Rechtstheoretikers zur ideologiekritischen Methode des Marxismus-Leninismus, in: Staat und Recht, 1975, S. 1407

Rechtswissenschaft interessenreflektierend und handlungsorientierend zu gleicher Zeit.[37] Das gilt für die Rechtsideologie stärker noch als für die anderen Ideologieformen, denn die bürgerliche Rechtsideologie widerspiegelt besonders diejenigen Interessen der Bourgeoisie, die erforderlichenfalls zwangsweise durchgesetzt werden. Sie orientiert nicht nur ganz allgemein und jedermann auf ein demgemäßes Verhalten, sie enthält auch Anleitungen und Rechtfertigungen für die staatliche Gesetzgebungs- und Gerichtspraxis der Bourgeoisie. Als Berufsideologie der Juristen ist Rechtsideologie eine *durchsetzbare* Ideologie.

Diese, wie es scheinen sollte, eher elementare Erkenntnis wird aber mißachtet, wenn die Kritik einer bestimmten bürgerlichen Rechtstheorie genau da aufhört, wo sie eigentlich erst richtig beginnen sollte, nämlich *vor* einer Analyse ihrer praktischen Bedeutung für die rechtsetzende und rechtsprechende Tätigkeit staatlicher Organe, für das tatsächliche Verhalten der Menschen sowie für die in den Programmen der verschiedenen Parteien enthaltenen Rechtsforderungen. Dabei kann es sich um einen *tatsächlichen* oder um einen *mutmaßlichen*, um einen eindeutigen oder einen widerspruchsvollen Einfluß handeln, jedenfalls steckt der Text der Rechtstheoretiker stets im Kontext gesellschaftlicher Realitäten.

Sicher gibt es innerhalb der bürgerlichen Rechtsideologie Erbauungsliteratur von ausschließlichem Gemütswert – Rechtsphilosophen pflegen gelegentlich darüber zu klagen – aber grade der sich durch die immanenten Entwicklungsgesetze des staatsmonopolistischen Kapitalismus erhöhende Stellenwert des bürgerlichen Rechts verlangt auch der Rechtsideologie neuartige Leistungen administrativ-regulativer und legitimierender Art ab.

Dieser Tatsache, wenn auch nicht ihrer objektiven Grundlage, sind sich die einschlägigen Ideologie- und Wissenschaftsproduzenten in den bürgerlichen Ländern längst bewußt geworden. Der Marktwert ihrer Produkte hängt nämlich primär davon ab, ob diese die Bedürfnisse kapitalistischer Rechtspraxis befriedigen.

So ist ganz selbstverständlich die Psychoanalyse bei ihrem (tendenziell übrigens zunehmenden) Vordringen auf juristisches Terrain nicht etwa bei der allgemeinen Behauptung stehen geblieben, daß bestimmte rechtlich relevante Handlungen nur als neurotische Symptome letztlich libidinöser Triebe zu erklären seien. Vielmehr haben detailliert vorgehende Arbeiten eine Umwertung der straf-, zivil- und prozeßrechtlichen Dogmatik sowie der richterlichen Verhandlungsführung und natürlich auch des Strafvollzugs geliefert.[38] So hat die sich als „Jurisprudenz einer neuen Epoche" bezeichnende kritisch-realistische Rechtstheorie nicht nur ganz allgemein eine Neufundierung und Neuorientierung der bisherigen Rechtswissenschaft versprochen, unter ihrer konzeptionsprägenden Einflußnahme sind ganze Alternativ-Entwürfe zum geltenden Stafgesetzbuch vorgelegt worden, und inzwischen sind kritische Einzeluntersuchungen zum marktwirtschaftlichen Wirtschaftsrecht, zum Verbraucherschutz, zum Eigentumsmißbrauch im Bodenrecht, zur Betriebs- und Unternehmensverfassung, zum Steuer- und zum Umweltschutzrecht erschienen.[39] (Eine genauere Analyse dieser „kritischen" Rechtstheorie zeigt freilich, daß die hier gehandhabte Kritik sich nicht in Kontraposition zur Apologie bewegt, sondern als deren Teilklasse.)

---

37 Vgl. H. Wagner, Recht als Widerspiegelung und Handlungsinstrument, Köln 1976, S. 133

38 A. Ehrenzweig, Psychoanlaytische Rechtswissenschaft, Berlin (W) 1973; H. Rottleuthner, Richterliches Handeln, Frankfurt/M. 1973, S. 108; Moser (ed), Psychoanalyse und Justiz, Frankfurt/M. 1974; zur Kritik vgl. Klenner, in: Deutsche Literaturzeitung, 1975, S. 756 und vor allem W. Hollitscher, „Kain" oder Prometheus, Berlin 1972, S. 32

39 Vgl. M. Rehbinder (ed), Recht im sozialen Rechtsstaat, Opladen 1973

Vor allem aber deutet das außergewöhnliche Anwachsen der rechtsmethodologischen Literatur, also jener Werke, die den nahtlosen Übergang von der Rechts*theorie* zur Rechts*dogmatik* und von beiden zur Rechts*praxis* gestalten,[40] darauf hin, daß bürgerliche Rechtsideologie nicht zur intellektuellen Selbstbefriedigung ihrer Autoren, sondern vor allem für die Praxis der Gesetzgebungs- und Rechtsprechungsorgane ausgearbeitet und weiterentwickelt wird.
Wenn das aber so ist, dann ist eine von ihrer rechtspraktischen Wirkung absehende Kritik bürgerlicher Rechtsideologie unangebracht.
Und weiter: Wenn die bürgerliche Rechtsideologie einen anleitenden Einfluß auf die gesetzgebende und rechtsprechende Tätigkeit des staatlichen Machtapparates ausübt und deren Ergebnisse legitimiert oder auch kritisiert, dann kann sich die marxistische Ideologiekritik nicht mit einem ausschließlich den Klassencharakter des jeweiligen Gedankengutes aufdeckenden Urteil begnügen. Die Arbeiterbewegung in den kapitalistischen Ländern ist nämlich in ihrem politischen Kampf für die antimonopolistische Demokratie als der Öffnung des Weges zum Sozialismus genötigt, sich eine differenzierte, qualitative wie quantitative Kriterien verwendende Einschätzung zum bürgerlichen Recht und zu den dieses Recht nach rechts und nach links verändern sollenden Rechtsforderungen zu erarbeiten. Wenn also von bürgerlicher Seite der Rechtswissenschaft vorgeschlagen wurde, auf dem Gebiet des Privatrechts den allgemeinen Teil eines internationalen Einheitsrechts zu entwickeln,[41] oder wenn Norbert Reich in (äußerlicher) Anlehnung an die Struktur des sozialistischen Rechts das kapitalistische Privatrecht in Unternehmensrecht (Beziehungen zwischen den Betrieben), Verbraucherrecht (Beziehungen zwischen Unternehmen und Konsumenten) und Bürgerrecht (Beziehungen zwischen Einzelpersonen) einzuteilen vorschlägt,[42] dann bedarf es natürlich zu einer Analyse dieser Vorstellungen mehr als eines bloß ablehenden Verdikts. Das gilt natürlich im erhöhten Maße für die arbeits- und verfassungsrechtlichen Rechtsforderungen.
Inzwischen haben Kommunisten angesichts der Flut von Mitbestimmungsmodellen, mit denen der Markt vor allem deshalb überschwemmt wurde, um die populäre Mitbestimmungsidee als systemintegrativer Ordnungsinstrument im Interesse des Monopolkapitals zu mißbrauchen, *Kriterien* ausgearbeitet, die zur differenzierten Beurteilung von Rechtsforderungen auf diesem Gebiet dienen können.[43] Vor einem ähnlichen Problem standen die Marxisten[44], als sie sich in den bürgerlichen Ländern bürgerlicher Literatur in Hülle und Fülle gegenübersahen, die das Vorhandensein von Klassenjustiz mitnichten leugnete, ohne natürlich die wirklichen Gebrechen der Justiz und deren Ursachen aufzudecken.

40 Aus der neuesten Zeit: H. Coing, Juristische Methodenlehre, Berlin (W) 1972; K. Engisch, Einführung in das juristische Denken, Stuttgart 1971; J. Esser (u. a.), Methoden der Rechtswissenschaft, München 1972; W. Fikentscher, Methoden des Rechts, Tübingen 1975 (4. Bde); K. Larenz, Methodenlehre der Rechtswissenschaft, Berlin (W) 1975; F. Müller, Juristische Methodik, Berlin (W) 1971; A. Troller, Grundriß einer selbstverständlichen juristischen Methode, Basel 1975; R. Zippelius, Einführung in die juristische Methodenlehre, München 1971. – Vgl. die von I. Wagner seit 1975 in Leipzig herausgegebene Schriftenreihe Methodologie der marxistisch-leninistischen Rechtswissenschaft (bisher 4 Hefte)

41 J. Kropholler, Internationales Einheitsrecht, Tübingen 1975, S. 344

42 N. Reich, Zivilrechtstheorie, Sozialwissenschaften und Verbraucherschutz, in: Zeitschrift für Rechtspolitik, München 1974, S. 187 ff.; zur Kritik: E. Roppo, Verbraucherschutz und Klassentheorie, in: Demokratie und Recht, Köln 1976, S. 109

43 Vgl. H. Lang, in: Marxistische Blätter, Frankfurt/M. 1973, H. 4, S. 27

44 Vgl. R. Geffken, ebenda, S. 73; R. Charvin, La Justice en France, Paris 1976

Daß in den Ländern des Kapitals ein marxistisch-leninistisches Schrifttum auch zu Zentralproblemen der Rechtswissenschaft entstanden ist, ist bei uns viel zu wenig bekannt. Das gilt auch für die veröffentlichten programmatischen Ausarbeitungen der DKP zum Verfassungs-, Miet-, Boden-, Steuer-, Bildungs-, Familien- und Arbeitsrecht. In ihnen wird neben einem Katalog begründeter Rechtsforderungen vom Klassenstandpunkt des Proletariats auch die Bereitschaft bekundet, für die Durchsetzung demokratischer und sozialistischer Forderungen mit allen fortschrittlichen Kräften und Organisationen zusammenzuarbeiten.
Dies nicht zu beachten, heißt die ideologiekritische Tätigkeit auf dem rechtswissenschaftlichen Gebiet um eine objektiv notwendige Dimension zu verkürzen.
Natürlich ist nicht die Ideologiekritik die treibende Kraft des revolutionären Weltprozesses. Aber der revolutionäre Weltprozeß bedarf dieser Kritik. Bürgerliche Rechtsideologie zu kritisieren, heißt zwar über Angelegenheiten reden, die durch Reden nicht entschieden werden, sie hat jedoch ihre Chance, wenn sie sich in den politischen und ökonomischen Kampf jener Kräfte einordnet, die unserer Epoche ihr progressives Gepräge geben. „Jede Ideologie", schreibt Paschukanis,[45] „stirbt mit den gesellschaftlichen Verhältnissen, die sie hervorgebracht haben. Diesem endgültigen Verschwinden geht ein Moment voraus, wo die Ideologie unter den Schlägen der gegen sie gerichteten Kritik die Fähigkeit verliert, die gesellschaftlichen Verhältnisse, aus denen sie hervorgegangen ist, zuzudecken und zu verhüllen. Die Bloßlegung der Wurzeln einer Ideologie ist ein sicheres Zeichen ihres herannahenden Endes."

[45] E. Paschukanis, Allgemeine Rechtslehre und Marxismus, Wien/Berlin 1929, S. 37

ROLAND MEISTER

Methodologische Probleme der Kritik imperialistischer Rechtstheorie

Ausgehend davon, daß die bürgerlichen Staatstheorien in der Gegenwart typischerweise als Komplementärtheorien, als „Mixturen" auftreten, möchte ich im folgenden auf einige methodologische Probleme hinweisen, die, soweit ich das überblicke, quer durch variierende bürgerlich-imperialistische Staatstheorien der Gegenwart festzustellen sind.

Es erscheint mir geboten, die Kritik der bürgerlichen Staats- und Rechtstheorien nicht auf die bürgerliche Rechtswissenschaft im engen Sinne zu reduzieren. Vielmehr hat sie die untauglichen, gleichwohl aber aufschlußreichen Versuche mit einzubeziehen, den Ausweg aus einer Krise bürgerlichen Rechtsdenkens in einer Verbindung mit den politischen Wissenschaften zu finden.

Im Rahmen bürgerlich-imperialistischer Herrschaftsinteressen liegen solchen Versuchen durchaus unterschiedliche Motivationen zugrunde.

So stellt Dieter Huhn, Richter am Landgericht Westberlin und Professor für Rechtsdidaktik an der Technischen Universität Hannover, die herkömmliche bürgerliche Rechtswissenschaft und die ihr entsprechenden Ausbildungssysteme überhaupt in Frage: „Der Kampf um die Rechtswissenschaft tobt", erklärt er in einem eben erschienen Beitrag zum Thema „Neues Recht durch neue Richter?" und fordert „die Integration der Sozialwissenschaft in die Rechtswissenschaft."[1]

Dem sozialdemokratisch geprägten Bremer Modell und dem eher schwarz eingefärbten Augsburger Modell wird nun ein Hannoversches Modell gegenübergestellt oder – wohl richtiger – hinzugefügt.

Manche Autoren begnügen sich damit, eine engere Verbindung der bürgerlichen Rechtswissenschaft mit Nachbardisziplinen zu fordern. Das alles ist ganz gewiß nicht nur eine Frage nach neuen Lehrinhalten. Es geht um das Selbstverständnis der bürgerlich-imperialistischen Staats- und Rechtswissenschaft, um den Versuch, aus der Defensive herauszukommen und neue, systemimmanente Lösungen zu finden.

Mit unterschiedlichen Akzentuierungen finden wir die Forderungen nach „interdisziplinärer Zusammenarbeit" bei Konrad Zweigert[2] und Otto Kimminich.[3]

Kimminich, der zur jüngeren Generation der konservativen Staats- und Völkerrechtswissenschaftler der BRD gehört, verbindet auch damit seinen Anspruch, modern, flexibel, zukunftsorientiert zu sein. Das Völkerrecht sei, so schreibt er in seiner Ein-

[1] Huhn, Dieter, „Neues Recht durch neue Richter?", in: Das Parlament, Bonn, Beilage zu Nr. 42 vom 23. 10. 1976, S. 5 ff.

[2] Zweigert, Konrad, „Die soziologischen Dimensionen der Rechtsvergleichung", in: Rabels Zeitschrift für ausländisches und internationales Privatrecht, 38. Jg. 1974, H. 213, S. 293 ff.

[3] Kimminich, Otto, Der internationale Schutz des Einzelnen, Archiv des Völkerrechts, 15. Bd., Tübingen 1971/72, H. 2, S. 402 ff.

führung in das Völkerrecht „eine viel zu ernste Angelegenheit, als daß man sie den Juristen überlassen könnte."[4]

Verbreitet macht sich dabei der Einfluß der political science der USA geltend. Zwar gehen die soziologischen Theorien (Systemtheorien) von anderen Begriffen und Wortschablonen aus; aber es ist die gleiche Abstraktion von den in ihnen wirkenden monopolistischen Interessen, die das „Wert- und Normensystem" („Verhaltensmuster") als politisch neutral, als technizistisch erscheinen läßt.

Eng mit dieser Tendenz verbunden ist eine andere Erscheinung. Aus der aufgezwungenen Einsicht, daß sich das Bestehende nicht konservieren läßt, wird auf der Grundlage und im Rahmen der bürgerlich-imperialistischen Gesellschafts- und Staatsordnung die Flucht nach vorn gesucht: Das bürgerliche Recht wird jetzt immer häufiger nicht mehr als das gegebene „Maß der Macht", sondern zugleich als „Instrument der Zukunftsgestaltung" ausgegeben. Das ist sowohl Ausdruck der Krise der bürgerlichen Theorie und Herrschaft als auch des Versuches, sich ihr zu entwinden; es ist Ausdruck des Anpassungszwanges und zugleich einer weitreichenden Anpassungsfähigkeit. Es macht die Einheit von Demagogie und bewußter Steuerung durch imperialistische Herrschaftstheorien deutlich. Das gilt auch für die bürgerliche Völkerrechtstheorie, z. B. für Jost Delbrück, der „wert- und ordnungsetzende Normen" postuliert, denen auch ein „internationales Sozialrecht" zugeordnet wird. Die Fragen an die Zukunft sollen dabei als „reine Rechtsfragen" erscheinen, die von den wirklichen internationalen Bewegungen und dem vom Strom der Geschichte geprägten Völkerrecht losgelöst werden.[5] Die Entwicklung würde so in die Sphäre bürgerlichen Rechtsdenkens und imperialistischer Politik abgedrängt.

Allgemein zeigt sich, daß das „internationalistische" Wesen der bürgerlich-imperialistischen Herrschaft stärker denn je das bürgerliche Theoriensystem bestimmt. Der „Internationalismus" einer überlebten Klasse, der hier angedeutet werden soll, hat mit der verschärften allgemeinen Krise des imperialistischen Systems neue Ausdrucksformen angenommen. Das zeigt sich auch in einer objektiv begründeten Tendenz der Angleichung staatsmonopolistischer Rechtssysteme, die die Grundlage neuer kosmopolitischer Aussagen bilden, z. B.: „Weltkooperation durch ein sich schrittweise angleichendes Rechtssystem". „Rechtsvergleichung" wird hier – mit einem außerordentlichen Aufwand – mit dem Ziel der „Synthese" betrieben, nicht nur im Hinblick auf die imperialistischen Integrationsprozesse, sondern ganz ausdrücklich auch mit der ausgeprägt konvergenztheoretischen, antikommunistischen Zielsetzung „globaler Integrationsmodelle".[6]

Imperialistische Herrschaftstheorien lassen sich nicht exakt nach innerstaatlichen und internationalen oder völkerrechtlichen Theorien katalogisieren. Das gilt z. B. für die technokratischen Staatstheorien (expertokratische Theorien, Theorie von der „Diktatur des Sachverstandes"): Als innerstaatliche Rechtstheorien entstanden (in Deutschland wohl in Gestalt der Theorien vom Verwaltungsstaat bei Ernst Forsthoff), werden sie

---

[4] Kimminich, Otto, Einführung in das Völkerrecht, Pullach bei München, 1975, S. 5

[5] Delbrück, Jost, „Die Adäquanz völkerrechtlicher Kriegsverhütungs- und Friedenssicherungsinstrumente im Lichte der Kriegsursachenforschung", in: Jahrbuch für Internationales Recht, 17. Bd., Berlin (W) 1975, S. 95

[6] David, René, The Internationale Univication of Private Law, Tübingen/Paris/New York 1972;
Miller, Arthur S., „The Multination Cooperation and the Nation-State", in: Journal of World Trade Law, 1973, H. 3, S. 267 ff.;
Gardner, R. N., „The Hard Road to World Order", in: Foreign Affairs, New York, January 1974, S. 576

als Interdependenztheorien ausdrücklich auch als Modell für die internationalen Beziehungen ausgegeben. Deutlich ist hier der Einfluß US-amerikanischer Schulen, z. B. David Mitrany, der immer mehr an Einfluß gewinnt, insbesondere in Frankreich und in der BRD, festzustellen.

Gleiches oder Vergleichbares gilt für Rechtstheorien, die heute in Gestalt der Theorien von einer International Rule of Law in neuer Weise politische Aktualität gewinnen.

Diese Tendenzen wirken in vielgestaltigen tatsächlich unterschiedlichen, scheinbar gegensätzlichen imperialistischen Staatstheorien. Nur in ihrer Komplexität und zugleich ihrer Differenziertheit sind sie zu erfassen und richtig einzuordnen.

JOCHEN DÖTSCH

Probleme der weiteren Forschungsarbeit zu Grundfragen der bürgerlichen Rechtsentwicklung

Die Ausführungen von Professor Röder machen deutlich, daß die bisher erreichten Ergebnisse der theoretischen Arbeit zum bürgerlichen Recht noch keineswegs befriedigen können. Während der Stand in den rechtswissenschaftlichen Einzeldisziplinen recht unterschiedlich ist, besteht hinsichtlich der Grundlagenforschung ein beträchtlicher Nachholebedarf. Wenn man die in der Auseinandersetzung mit dem bürgerlichen Recht in den letzten Jahren erschienenen Publikationen analysiert, so fällt auf, daß Grundfragen der Theorie des bürgerlichen Rechts und der bürgerlichen Gesetzlichkeit nur in sehr geringem Umfang – meist nur am Rande der Untersuchung von Einzelproblemen – behandelt worden sind. Ich denke dabei an solche Fragen wie die umfassende Herausarbeitung von Wesen, Funktionen und Entwicklungsgesetzmäßigkeiten des bürgerlichen Rechts unter den gegenwärtigen Bedingungen des staatsmonopolistischen Herrschaftsmechanismus; das Verhältnis zwischen bürgerlichem Staat und bürgerlichem Recht; die sich in grundlegenden Instituten des bürgerlichen Rechts (z. B. dem bürgerlichen Eigentumsrecht) vollziehenden Entwicklungsprozesse oder die immer bedeutsamer werdende Frage der Einflußmöglichkeiten der Arbeiterklasse auf das bürgerliche Recht. Auch im Lehrbuch der marxistisch-leninistischen Staats- und Rechtstheorie sind solche Fragen meist nur angeschnitten, aber noch nicht ihrer Bedeutung entsprechend untersucht worden. Wichtige Erkenntnisse zu Grundfragen der bürgerlichen Rechtstheorie gibt es dagegen in einer Reihe sowjetischer Arbeiten, z. B. zur Frage des Wechselverhältnisses zwischen bürgerlichem Staat und bürgerlichem Recht. Meines Erachtens besteht ein enger Zusammenhang zwischen der Grundlagenforschung und den von den einzelnen Rechtsdisziplinen zum bürgerlichen Recht durchzuführenden Untersuchungen. Einerseits muß sich die Grundlagenforschung auf das von den Rechtsdisziplinen erarbeitete Material stützen, um zu allgemeingültigen Feststellungen, zur Formulierung von Gesetzmäßigkeiten und Entwicklungstrends zu gelangen. Andererseits ist es Aufgabe der Grundlagenforschung, den Einzeldisziplinen eine Orientierung über allgemeine Entwicklungsrichtungen des bürgerlichen Rechts und zu untersuchende Schwerpunkte zu vermitteln.

Eine der Fragen, die für die theoretische Arbeit zum bürgerlichen Recht gegenwärtig besondere Bedeutung besitzen, ist die nach seiner Stellung im staatsmonopolistischen Herrschaftsmechanismus. Dies betrifft z. B. das Problem, welcher derzeitige und künftige Stellenwert dem bürgerlichen Recht in Anbetracht der Tatsache zukommt, daß die außerrechtlichen Herrschaftsinstrumentarien des bürgerlichen Staates ständig ausgebaut werden.

Nicht zu übersehen ist zunächst, daß in den meisten entwickelten kapitalistischen Ländern die Rechtsetzungstätigkeit beträchtlich zugenommen hat. Obwohl offizielle statistische Erhebungen hierzu rar sind, läßt sich dies z. B. aus Vergleichen der Anzahl der in den amtlichen Verkündungsblättern enthaltenen Rechtsakte unschwer ermitteln. Diese Entwicklung zeugt von der Verbreiterung der mittels des Rechts erfaßten Regulierungsfelder sowie der Regulierungsintensität des bürgerlichen Staates. Einen Schwerpunkt bildet dabei der Ausbau der Zwangs- und Kontrollrechte des bürgerlichen Staates gegenüber der Arbeiterklasse und anderen demokratischen Kräften sowie die mittels des Rechts erfolgende Regulierung der kapitalistischen Wirtschaft. So wurden in vielen imperialistischen Ländern in den letzten Jahren vielfältige Regelungen zur Einschränkung und Kontrolle demokratischer Rechte (Grundrechte, Streikrecht u. a.) bzw. zur Kanalisierung der Ausübung solcher Rechte (z. B. in Gestalt der Einführung bürgerlicher Mitbestimmungsmodelle in der BRD und Schweden) sowie auf den Gebieten des Gesellschaftsrechts, Finanzrechts, Patentrechts und Arbeitsrechts erlassen. Letzteres ist Ausdruck der Übernahme objektiv notwendiger Steuerungsaufgaben durch den bürgerlichen Staat bei der Ausnutzung der modernen Produktivkräfte im Interesse der Monopole. Es zeugt aber auch von den vom bürgerlichen Staat unternommenen Bemühungen, auf die sich verschärfenden gesellschaftlichen Widersprüche regulierend einzuwirken. All dies bedingt eine Erhöhung der Rolle des bürgerlichen Rechts, wenn auch nicht in dem Sinne, wie das von der bürgerlichen Rechtsideologie behauptet wird.

Zugleich kann aber die Tendenz beobachtet werden, daß die Monopolbourgeoisie bei der Ausübung ihrer Herrschaft die Bindung an das von ihr geschaffene Recht zu lösen sucht und ihren außerrechtlichen Handlungsspielraum erweitert. Dies ist vor allem eine Reaktion auf die gewachsene Kampfkraft der Arbeiterklasse, und zwar sowohl in der Hinsicht, daß sich die Monopole nicht mehr nur auf rechtlich geregelte Methoden verlassen wollen, als auch deshalb, weil auf diese Weise zugleich den Werktätigen und ihren Organisationen der „legale Boden" für ihr Handeln beschränkt werden soll. Daher muß man wohl sagen, daß die Zunahme der Rolle des bürgerlichen Rechts relativ geringer ist als die Erweiterung der entsprechenden Funktionsbereiche des bürgerlichen Staates.

Der Untersuchung bedarf z. B. die fortschreitende Verflechtung und das Wechselverhältnis von rechtlichen und außerrechtlichen Herrschaftsmethoden. Dabei wird beachtet werden müssen, daß sich auf diesem Gebiet differenzierte und oft schwer durchschaubare Prozesse vollziehen, die nicht in einfache Formeln gefaßt werden können. So werden oft rechtliche Regelungen geschaffen, die einen Spielraum für willkürliche Rechtspraktiken einräumen und durch außerrechtliche Formen ergänzt, zuweilen aber auch verdrängt werden. Dies ist im einzelnen vom jeweiligen Regelungsgegenstand, in hohem Maße allerdings zugleich von der bestehenden Klassenkampfsituation abhängig. Stärker ausgeprägt ist der Einsatz verfassungs- und gesetzwidriger sowie außerrechtlicher Mittel im Bereich der Unterdrückung der Werktätigen, während die Monopole bei der ökonomischen Regulierung an der strikten Beachtung vieler Regelungen (z. B. der zur Steigerung ihres Profits erlassenen Regelungen des bürgerlichen Wirtschafts- und Finanzrechts) auch durch ihre eigenen Vertreter ein erhebliches Interesse haben. Bei der Erforschung dieser Probleme erscheint eine enge Zusammenarbeit mit Vertretern anderer gesellschaftswissenschaftlicher Disziplinen, besonders den Ökonomen, erforderlich.

Weiterhin möchte ich auf eine zweite, für die künftige Forschungsarbeit zum bürgerlichen Recht bedeutsame Frage hinweisen, nämlich die wachsenden Möglichkeiten der Arbeiterklasse, das bürgerliche Recht für ihre Interessen auszunutzen und es im Wege der Durchsetzung demokratischer Rechtsforderungen wirksam zu beeinflussen. Die Organisationen der Werktätigen erheben mit politischen und ökonomischen zunehmend zugleich rechtliche Forderungen, die neben der Durchsetzung sozialpolitischer Verbesserungen (z. B. auf dem Gebiet des Lohnrechts und des Rechtschutzes im Arbeitsverhältnis) in verstärktem Umfang die Verwirklichung realer Einflußrechte der Arbeiterklasse in Staat und Wirtschaft zum Ziel haben. So fordern z. B. die kommunistischen und Arbeiterparteien Europas im Dokument der Berliner Konferenz 1976 „das Recht auf Arbeit, Bildung und Wohnung und die erforderlichen sozialen Dienstleistungen, auf ausreichende Unterstützung bei Krankheit, Invalidität und im Alter“ sowie auf „die tatsächliche Teilnahme der Werktätigen an den gesellschaftlichen und staatlichen Entscheidungen“.[1] Diese und viele weitere von den kommunistischen und Arbeiterparteien geltend gemachte Rechtsforderungen stimmen inhaltlich mit den von den großen Gewerkschaftsverbänden der kapitalistischen Länder vertretenen Forderungen überein.

Die herrschende Klasse ist in zunehmendem Maße gezwungen, auf solche Forderungen zu reagieren. Sie tut dies vor allem durch die Reformierung des bürgerlichen Rechts im Sinne der Stabilisierung ihres Herrschaftssystems. Dabei wird einzelnen Teilforderungen der Werktätigen entsprochen, um den systemverändernden Kern der erhobenen Forderungen zu neutralisieren. Trotz dieses den Klasseninteressen der Monopole untergeordneten Anliegens der getroffenen rechtlichen Reformen liegen – im Gegensatz zur Auffassung der linksopportunistischen Ideologen – auch in solchen Konzessionen bestimmte Möglichkeiten für die Arbeiterklasse, das bürgerliche Recht für ihre Belange auszunutzen.

Die Arbeiterklasse und ihre Klassenorganisationen betrachten es jedoch als ihre Aufgabe, solche Reformen zu erzwingen, die unmittelbar oder mittelbar dazu beitragen, die Macht der Monopole zurückzudrängen. Dabei messen sie der Absicherung derartiger Reformen durch entsprechende rechtliche Regelungen große Bedeutung bei. Allerdings lehrt die Erfahrung des Klassenkampfes, daß die praktische Durchsetzbarkeit dieser Rechtspositionen vor allem vom Kampf der Arbeiterklasse abhängt, da die Monopole bestrebt sind, ihren progressiven Gehalt zu verwässern und sie zu einem ihnen günstig erscheinenden Zeitpunkt wieder außer Kraft zu setzen. Die kommunistischen und Arbeiterparteien unterstreichen daher die Notwendigkeit, den Kampf um rechtliche Forderungen nicht isoliert zu führen, sondern als Teil des Ringens um weiterreichende demokratische Umgestaltungen in Wirtschaft und Gesellschaft, durch die das Kräfteverhältnis zugunsten der Arbeiterklasse verändert wird. Anschaulich ist das Wechselverhältnis zwischen politischen, ökonomischen und rechtlichen Maßnahmen bei der Verwirklichung einer antimonopolistischen Demokratie im Gemeinsamen Regierungsprogramm zwischen der Französischen Kommunistischen Partei und der Sozialistischen Partei Frankreichs demonstriert.

Abschließend sei darauf hingewiesen, daß die bei der weiteren theoretischen Arbeit zum bürgerlichen Recht zu bewältigenden vielfältigen Probleme nicht nur eine engere Zusammenarbeit der auf diesem Gebiet tätigen Rechtswissenschaftler sowie mit den Vertretern anderer gesellschaftswissenschaftlicher Disziplinen erfordert, sondern zugleich mehr als bisher eine systematische und arbeitsteilige Kooperation mit den Wissenschaftlern der Sowjetunion und der anderen sozialistischen Länder notwendig macht.

---

[1] Dokument der Konferenz der kommunistischen und Arbeiterparteien, Dietz Verlag, Berlin, 1976, S. 25

EKKEHARD LIEBERAM

Politische Instabilität und bürgerliche Staatsideologie

Wie Entwicklungen des politischen Herrschaftssystems in den kapitalistischen Industrieländern etwa seit dem Jahre 1973 deutlich machen, bringen ökonomische und soziale Krisen wieder einmal „die ganze Schmiere in Bewegung“.[1] Bestätigt haben sich Voraussagen marxistischer Gesellschaftswissenschaftler, daß der Kapitalismus einer Zeit entgegengeht, „in der alles ins Rutschen, ins Wanken und durcheinander kommt: Die Wirtschaft des Kapitalismus, die Ideologie, die Handhabung des Machtapparates, ja der Machtapparat selbst.“[2]

Zahlreiche Probleme der staats- und rechtswissenschaftlichen Forschung sowohl hinsichtlich der Prozesse im bürgerlichen Staat als auch der Kritik bürgerlicher Staatskonzeptionen stellen sich damit, wie im Referat von Karl-Heinz Röder angesprochen wurde, auf veränderte Weise. Neue Möglichkeiten, aber auch neue Gefahren ergeben sich für den Kampf der Arbeiterklasse.

Die politische Krise, einschließlich der Krise der bürgerlichen Demokratie, ist sicherlich ein Wesensmerkmal des Monopolkapitalismus, der allgemeinen Krise des Kapitalismus überhaupt. Die Kluft zwischen der in den bürgerlichen Verfassungen proklamierten Souveränität des Volkes und der Herrschaft der Monopole hat sich im staatsmonopolistischen Kapitalismus extrem verschärft. Institutionen und Rechte der bürgerlichen Demokratie kollidieren in der Gegenwart immer häufiger mit dem oligarchischen Klassencharakter des bürgerlichen Staates und werden dabei im erheblichen Maße deformiert. Diese Seite der Krise, des Verfalls der bürgerlichen Demokratie äußert sich u. a. im Abbau und im Leerlaufen parlamentarischer Rechte, in der Zentralisierung der staatlichen Macht bei der Exekutive, im Anwachsen des staatlichen Unterdrückungsapparates, in Korruption, politischer Gangstermentalität und der Unterminierung bzw. Zerstörung der Grundrechte. Die Verflechtung von Monopolen und Staatsmacht beweist die Richtigkeit der Einschätzung Lenins, daß die Monopolbourgeoisie ein Netz von Abhängigkeitsverhältnissen über ausnahmslos alle politischen Institutionen, auch über die Institutionen der bürgerlichen Demokratie zu spannen sucht.[3]

Diese und andere Symptome der Deformation bürgerlichen Demokratie sind in gewisser Hinsicht abzuheben von Erscheinungen der Labilisierung oder gar der Zerrüttung des politischen Systems des Imperialismus. Denn die Merkmale der Instabilität des Herrschafftssystems wurzeln zwar ebenfalls in den Gesetzmäßigkeiten der kapitalistischen Gesellschaftsordnung, in den Prozessen des sterbenden, parasitären und faulenden Kapitalismus, sind jedoch vor allem Ausdruck zyklischer oder länger andauernder

---

1 Marx/Engels, Werke, Bd. 28, Berlin 1973, S. 302

2 J. Juczynski, Horizont, Nr. 32, 1970

3 Vgl. W. I. Lenin, Werke, Bd. 22, Berlin 1971, S. 305

wirtschaftlicher und sozialer Krisenerscheinungen, die zunehmend durch äußere Faktoren – den erstarkenden Sozialismus und die nationale Befreiungsbewegung – verstärkt werden.

Das Neue besteht nun darin, wie in der Imperialismusanalyse des IX. Parteitages der SED und des XXV. Parteitages der KPdSU nachgewiesen wurde, daß eine Reihe wesentlicher Erscheinungen der zyklischen Krise (hohe Arbeitslosigkeit, Inflation, Währungskrisen) zu permanenten Erscheinungen der allgemeinen Krise werden und sich die Labilität der kapitalistischen Wirtschaft verstärkt.[4] Infolgedessen sind dem bürgerlichen Staat noch engere Grenzen gesetzt, die in der Gegenwart auf ihn zukommenen sozialen Fragen sowie die mit dem Zivilisationsfortschritt verbundenen gesellschaftlichen Probleme der Infrastruktur, des Bildungs- und Gesundheitswesens, der Störung des Gleichgewichts zwischen Mensch und Natur, der Konflikte bei der Urbanisierung usw. – auch nur teilweise zu bewältigen. Wie auch in unserer Literatur zur Staatskrise des Imperialismus richtig dargestellt wurde, wird unter diesen Bedingungen in den Ländern des Kapitals eine mehr oder weniger ausgeprägte politische Instabilität zur Dauererscheinung und die Bestrebungen der herrschenden imperialistischen Kreise verstärken sich, die bürgerliche Demokratie in einem noch stärkeren Maße als bisher autoritär „zu disziplinieren“. Hinzu kommt, daß die Verfallserscheinungen der bürgerlichen Demokratie (Korruption, offene Angriffe auf die Bürgerrechte) im wachsenden Maße den Widerstand der demokratischen Bewegung hervorrufen und so – wie z. B. 1973 in den USA – die Labilität des politischen Systems extrem verschärfen können.

Methoden, die der Imperialismus noch im Zusammenhang mit der Weltwirtschaftskrise Ende der zwanziger Jahre anwenden konnte, um aus der Krise herauszukommen, sind heute teilweise untauglich. Die Stärke der sozialistischen Staatengemeinschaft wirkt dem Bestreben entgegen, den Ausweg in militärischen Abenteuern zu suchen.

Der neokolonialistischen Ausplünderung werden von den Entwicklungsländern Grenzen gesetzt. Und noch etwas ist neu: der soziale und wirtschaftliche Aufschwung, die Entfaltung der sozialistischen Demokratie in den sozialistischen Ländern verstärkt sich, in einer Zeit, da infolge der stagnierenden Wirtschaftsraten der Spielraum des kapitalistischen Staates zum politischen und sozialen Manövrieren kleiner wird. Drei Merkmale politischer Instabilität, um die sich wiederum zahlreiche, von Land zu Land unterschiedliche Erscheinungen gruppieren, werden in neuer Weise zu Bestandteilen der allgemeinen Krise des Kapitalismus, d. h. zu irreversiblen Symptomen des Niedergangs der kapitalistischen Gesellschaftsordnung: die Krise der kapitalistischen Staatspolitik, die Instabilität der Regierungssysteme und eine anhaltende Legitimitätskrise, die sich insbesondere als Vertrauenskrise zwischen Volksmassen und staatlichen Institutionen äußert. Angesichts der wirtschaftlichen Labilität, aber auch unter dem Einfluß anderer Krisenerscheinungen, ist *erstens* die Staatspolitik in den entwickelten kapitalistischen Ländern auf neue Weise von der Krise erfaßt worden. Vor allem brach mit dem Versagen des von John Maynard Keynes entwickelten staatsmonopolistischen Regulierungsinstrumentariums auch die gängige Behauptung bürgerlicher Poli-

---

[4] Vgl. IX. Parteitag der SED, Berlin 18. bis 22. Mai 1976, Bericht des Zentralkomitees der Sozialistischen Einheitspartei Deutschlands an den IX. Parteitag der SED, Berichterstatter: Genosse Erich Honecker, Berlin 1976, S. 23 ff.; XXV. Parteitag der KPdSU, Rechenschaftsbericht des Zentralkomitees der Kommunistischen Partei der Sowjetunion und die nächsten Aufgaben der Partei in der Innen- und Außenpolitik, Berichterstatter: L. I. Breshnew, Berlin 1976, S. 35 ff.; O. Reinhold, Die Verflechtung von allgemeiner und zyklischer Krise des Kapitalismus in der Gegenwart, Einheit 9/76, S. 1034 ff.

tiker und Ökonomen zusammen, das vorhandene „konjukturpolitische Instrumentarium" garantiere ein kontinuierlichers wirtschaftliches Wachstum und schließe den Ausbruch größerer zyklischer Krisen aus. John Billy, Direktor für wirtschaftliche Angelegenheiten im Internationalen Sekretariat der Nato schildert diese Situation recht realistisch, um sie dann allerdings als Konsequenz eines unzureichenden wirtschaftspolitischen Instrumentariums fehlzuinterpretieren: „Wir sehen uns also einer neuartigen Krise gegenüber. Um sie zu überwinden, sind die klassischen und kurzfristigen Heilmittel aus dem Keynesschen Arzneibuch eine nach dem anderen und in hoher Dosierung angewandt worden. ... Die Maßnahmen erwiesen sich als wenig wirksam und haben die Arbeitslosigkeit verschlimmert. Es ist schon ein Gemeinplatz, daß die gegenwärtige wirtschaftliche Mechanik nicht genau bekannt ist und erst recht nicht beherrscht wird."[5] Der stagnierende oder zurückgehende Umfang der Industrieproduktion bringt das Gefüge der Staatshaushalte durcheinander. Die Rüstungsausgaben bleiben gleich oder werden weiter erhöht. Demgegenüber werden bei der Sozial-, Bildungs- und Infrastrukturpolitik und beim Gesundheitswesen zum Teil drastische Kürzungen vorgenommen. In nahezu allen kapitalistischen Industrieländern sanken in den letzten Jahren die Reallöhne. Die Handlungs- und Manövrierfähigkeit der Regierunger auf politischem und sozialem Gebiet nahm ab. Krisenprogramme sind an die Stelle sozialer Reformversprechungen getreten. Im Rahmen der Kombination von sozialer Rhetorik und autoritären bzw. antikommunistischen Leitbildern traten Losungen wie „Freiheit statt Sozialismus" in den Vordergrund, die eine härtere Gangart der Bourgeoisie gegen alle demokratischen Bewegungen anzeigen.
Ein *zweiter* Komplex von Erscheinungen, die oft in besonders spektakulärer Weise die Labilisierung des politischen Systems des Imperialismus anzeigen, sind die sich häufenden Krisen der Regierungen und der Regierungssysteme. Auch sie resultieren hauptsächlich aus wirtschaftlichen und sozialen Krisenerscheinungen. Von Mitte 1973 bis Ende 1974 wechselten in 20 von 24 entwickelten kapitalistischen Ländern (darunter in allen NATO-Staaten) die Regierungen. Bis Ende 1976 fanden 19 weitere Regierungswechsel statt, davon 13 infolge vorzeitiger Neuwahlen oder eines Rücktritts des Regierungschefs. Die faschistischen Regime in Portugal und Griechenland brachen unter dem Druck demokratischer Bewegungen zusammen. Der spanische Faschismus suchte verzweifelt einen Ausweg, um sein Ende aufzuhalten. Das Regime der persönlichen Macht in Frankreich zeigt erhebliche Verfallserscheinungen. Endgültig scheiterte das sogenannte Mitte-Links-Bündnis in Italien zwischen Democracia Christiana und der Sozialistischen Partei. Das bisher als Vorbild einer stabilen Demokratie gepriesene politische System Großbritaniens wird heute von bürgerlichen Staatswissenschaftlern als unregierbar bezeichnet. Die Labilisierung der Regierungssysteme tritt in vielfältigen Formen in Erscheinung: vorzeitige Neuwahlen, Verschleiß prominenter Politiker, parlamentarische Minderheitsregierungen und schwankende knappe Mehrheiten zwischen Regierungsparteien und Oppositionsparteien, unterschiedliche Mehrheiten in der ersten und zweiten Kammer usw. Politische Differenzen zwischen sozialdemokratischen Parteien und konservativen Parteien nahmen in einigen Ländern (BRD, Großbritannien, Australien) zeitweise einen heftigen Charakter an. Neue Parteien oder kleinere Parteien erzielten in Kanada, Großbritannien, Norwegen und Dänemark Stimmengewinne.
Parteien, mit denen die Monopolbourgeoisie z. T. Jahrzehntelang als Regierungsparteien gearbeitet hatten, verloren in Frankreich, Italien und Japan die Mehrheit der Wählerstimmen. Kommunistische Parteien konnten in einigen Staaten – prozentual und absolut – einen beachtlichen Stimmenzuwachs verbuchen. Schließlich nahmen in

---

[5] J. Billy, Wirtschaftskrise und Atlantische Allianz, Europaarchiv, 1/1976, S. 86

einer Reihe sozialdemokratischer Parteien die Auseinandersetzungen zu, ob diese Parteien Stütze und Reserve des kapitalistischen Systems oder Bündnispartner einer antimonopolistischen Parteienkoalition sein sollen.
Die Krise der Staatspolitik wie auch die Labilität der Regierungssysteme steht in enger Beziehung zu einem dritten Komplex von Erscheinungen, zur Vertrauenskrise zwischen Bevölkerung und staatlichen Institutionen, wie sie in den letzten Jahren in neuer Qualität sichtbar wurde. Diese „Legitimitätskrise" äußert sich in den einzelnen kapitalistischen Staaten in unterschiedlicher Weise. Sie ist vor allem eine Reaktion der Bevölkerung auf die Nichteinhaltung der in den sechziger Jahren angekündigten politischen und sozialen Reformprogramme. Das hieraus erwachsende Mißtrauen gegenüber den etablierten politischen Institutionen (Regierung, Parlament, Parteien, Verfassungsgericht usw.) äußert sich sowohl in unklaren Stimmungen, von den führenden Politikern und Parteien betrogen worden zu sein, in zunehmender politischer Apathie als auch in politischen Forderungen und Bewegungen, die grundsätzlich das kapitalistische Profit- und Machtsystem in Frage stellen.
Die Analyse der Krisenprozesse im politischen System der kapitalistischen Industrieländer verlangt vor allem eine umfassendere und tiefgründigere Diskussion und Beantwortung folgender Fragen:
- Welche Wechselbeziehungen gibt es zwischen den ökonomischen Krisenerscheinungen und der Krise des politischen Systems sowie zwischen der Deformation bürgerlich-demokratischer Institutionen und der Labilisierung der bürgerlichen Demokratie?
- Wie beeinflußt der Sozialismus in der Gegenwart die Staatskrise des Kapitalismus und die bürgerlichen Staatslehren?
- Wie ist die Dialektik von Krise und Manövrierfähigkeit des politischen Systems des Imperialismus zu erfassen? Welche Faktoren bedingen die sehr unterschiedliche Ausprägung der politischen Labilität in den einzelnen kapitalistischen Industriestaaten?
- Welchen Einfluß hat die Entfaltung des Widerspruchs zwischen der Negation der Demokratie seitens der Monopole und dem Demokratiestreben der Volksmassen in der Gegenwart auf das Schicksal der bürgerlichen Demokratie, auf den Kampf um grundlegende ökonomische und politische Umgestaltungen gegen Versuche, autoritäre und faschistische Diktaturen zu errichten?

Die politische Instabilität beschäftigt nicht nur die marxistisch-leninistische Gesellschaftswissenchaft; sie ist auch ein zentrales Thema der bürgerlichen Staatsideologie geworden. Vor allem konservative Theoretiker suchen um diese Frage, eine Wertung bestimmter Verfallsprozesse im modernen bürgerlichen Staat zu gruppieren. „... seit kurzem", so erklärt z. B. der „konservative Jungsozialist" Bernd Guggenberger, „wird die Erkenntnis, daß ganze Staaten unregierbar werden können, daß die Staatsmacht sich auflösen, ein Staatswesen regelrecht verrotten kann, auch für den Politiker und Sozialwissenschaftler zu einem Thema."[6]
In vielfältigen Varianten taucht die Frage nach der Regierbarkeit, nach dem Schicksal der „westlichen Demokratien" in Titeln und Untertiteln politischer Publikationen auf: „Sind wir noch regierbar?", „Krise des Staates", „The Ungovernability of Man", „The Collapse of Democracy", „Ende oder Wende", „Selbstbesinnung oder Untergang des Westens", Es geht hier unverkennbar auch um die Absicht, die Ursachen der Krisen-

[6] B. Guggenberger, Sind wir noch regierbar?, in: Der überforderte schwache Staat, Herausgegeben von G.-K. Kaltenbrunner, München 1975, S. 30

erscheinungen zu verschleiern. Im Vordergrund steht jedoch die Suche nach Methoden und Wegen, der politischen Labilisierung entgegenzuwirken.

Die Reaktionen bürgerlichen Staatstheoretiker, auf die Instabilität des politischen Machtmechanismus, ihre Diagnosen und die von ihnen empfohlenen Therapien müssen von uns genau analysiert werden, offenbaren sie doch (neben Stimmungen der Ausweglosigkeit) konzeptionelle Vorstellungen, die sich gegen die sozialen Interessen der Arbeiter richten und ernste Angriffe auf die bürgerliche Demokratie einschließen. Die Diskussion um die „Regierbarkeit“ berührt sehr grundsätzlich die bestehenden Machtstrukturen, die Staatsform, die Kombination und Gewichtung der Herrschaftsmethoden und die idologischen Leitbilder der Bourgeoisie in der Staatsfrage. Nicht nur führende Politiker und Staatswissenschaftler der kapitalistischen Welt, auch die Unternehmerverbände und die ideologischen Zentren des Monopolkapitals beschäftigen sich mit dieser Frage.

Die Ideologen der Bourgeoisie, die sich zum Problem der „Regierbarkeit“ äußern, warten zumeist sehr direkt mit politischen Forderungen nach mehr Staat und weniger Demokratie auf. Sie verlangen Härte gegen jene, die die Grundrechte wahrnehmen, um soziale Verbesserungen und politische Reformen durchzusetzen. Ähnlich wie Ende der zwanziger Jahre bietet sich die konservativ-autoritäre Strömung der bürgerlichen Staatstheorie dem Monopolkapital als Retter in der Not an. Sowohl die „Orientierungsgrundlage“ eines im Jahre 1974 von der Thyssen-Stiftung eingerichteten Arbeitskreises „Regierbarkeit“[7] als auch von der Trilateral Commission durchgeführte Konferenz zur „Governability of Democracies“ im Februar 1975[8] macht deutlich, daß die Monopolbourgeoisie im wesentlichen die Ratschläge und Konzeptionen konservativer Staatswissenschaftler übernommen hat. Neu ist, daß führende Staatswissenschaftler wie Wilhelm Hennis, Nevil Johnson, Samuel Huntington, Michel Crozier und Joji Watanuki in diesem Zusammenhang unmittelbar zur Konzipierung einer Strategie des Imperialismus, in der Staats- und Demokratiefrage herangezogen wurden.

Die „Schwerregierbarkeit“ resultiert danach angeblich ganz entscheidend aus dem „politischen Prozeß“ der bürgerlichen Demokratie selbst.[9] Um der „Begehrlichkeit“ der Bürger, einem „Exzeß der Demokratie“ entgegenzuwirken, sei eine „disziplinierte“ oder „genügsame“ Demokratie erforderlich. Außerdem, so wird behauptet, gebe es ein allgemeines „Gesetz der wachsenden Staatsaufgaben“ und eine Inflation der Erwartungen. Dies führe zu einer Überforderung des Staates, zu seiner Schwächung und zu Legitimationskrisen.[10]

Um die Regierbarkeit und eine „intakte Staatsautorität“ wieder herzustellen, werden vor allem folgende Disziplinierungsmaßnahmen verlangt:

1. Die Stärkung der Autorität staatlicher Führung durch mehr Härte gegenüber den Ansprüchen der Bürger, aber auch durch autoritäre Umstrukturierungen des zentralen Staatsmechanismus und der Parteiensysteme;
2. Die Disziplinierung der Gewerkschaften;

---

7 Vgl. Regierbarkeit – Umrisse ihrer Problematisierung (Gliederung) abgedruckt in: Legitimitätsprobleme politischer Systeme, Herausgegeben von P. Graf Kielmansegg, politische Vierteljahresschrift, Sonderheft 7/76, S. 37/38

8 Vgl. The Crisis of Democracy, Report on the Governability of Democracies, Michel Crozier, Samuel P. Huntington, Joji Watanuki, New York 1975

9 The Crisis of Democracy, a. a. O., S. 8 u. 115

10 Vgl. Regierbarkeit – Umrisse ihrer Problematisierung, a. a. O., S. 37 und Guggenberger, Herrschaftslegitimierung und Staatskrise, in Greven/Guggenberger/Stasser, Krise des Staates? Darmstadt und Neuwied 1975, S. 37 ff.

3. Eine Ablehnung aller sozialpolitischen Forderungen der Arbeiterklasse bzw. die Reduzierung der vorhandenen sozialen Leistungen;
4. Die Frontstellung gegen alle Konzepte einer Demokratisierung, auch wenn diese – von sozialreformistischen Positionen ausgehend – die Eigentumsverhältnisse nicht antasten wollen;
5. Eine wirksamere Regierungskontrolle der Massenmedien, einschließlich der kapitalistischen Presse;
6. Die Schwächung, die Zersetzung und gegebenenfalls das Verbot der kommunistischen Parteien.

Schließlich ist zu verzeichnen, daß bürgerliche Staatsideologen der konservativ-autoritären Richtung immer häufiger sehr prinzipiell nach der zukünftigen Tauglichkeit und Leistungsfähigkeit der bürgerlichen Demokratie als Staatsform fragen. Auf der erwähnten Konferenz der Trilateral Commission und noch deutlicher in Publikationen konservativer Theoretiker wird der Übergang der bürgerlichen Demokratie zu einer offen autoritären Staatsform als gegebenenfalls unumgänglich einkalkuliert oder als schon jetzt wünschenswert verlangt. Als Schrittmacher von Forderungen nach einer „kommissarischen Diktatur" treten in der BRD Ideologen der sogenannten Neuen Rechten um die Zeitschriften „Criticon" und „Zeitbühne" auf.[11] Die verschiedenen Forderungen nach autoritären Beschränkungen der bürgerlichen Demokratie und nach deren Beseitigung stehen keineswegs neben den Entwicklungen des bürgerlichen Staates. Sie finden schon heute ihren Ausdruck in einer Ausweitung und elektronischen Perfektionierung des staatlichen Repressivapparates und in ernsten Angriffen auf demokratische und soziale Rechte. Diese Entwicklungen wie auch die entsprechenden theoretischen Konzepte müssen in unserer staats- und rechtswissenschaftlichen Forschung aufgedeckt und entlarvt werden, signalisieren sie doch neue gefährliche Bedrohungen für die Arbeiterklasse und alle demokratischen Bewegungen.

---

[11] Vgl. z. B. H.-D. Sander, In der Zwickmühle der Reaktion, Criticon, Nr. 37/1976 und T. Molnar, Das dritte Modell, Criticon, Nr. 36/1976

GERHARD DORNBERGER

Zu einigen Grundproblemen der Analyse des imperialistischen Wirtschaftsrechts

Die Wirtschaftsrechtswissenschaft der DDR muß und wird sich in der nächsten Zeit verstärkt der Analyse des imperialistischen Wirtschaftsrechts zuwenden. Bisher wurde eine umfangreiche Arbeit geleistet, um die Funktionen und die Wirkungsweise des sozialistischen Wirtschaftsrechts in der DDR zu erforschen und zu begründen. Dabei darf jedoch die Analyse der Rolle des Wirtschaftsrechts im modernen Imperialismus, nicht vernachlässigt werden. Es gilt herauszuarbeiten, welchen Klassenzielen das imperialistische Wirtschaftsrecht dient. Das Wesen des modernen Imperialismus ist in seiner Gesamtheit nicht zu analysieren, wenn nicht gleichzeitig die Funktionen des Rechts als Instrument der staatsmonopolistischen Regulierung herausgearbeitet werden. Insoweit ordnet sich der wissenschaftliche Auftrag der Wirtschaftsrechtswissenschaft in eine umfassendere Aufgabenstellung ein.
Mit der Analyse der Funktionen des imperialistischen Wirtschaftsrechts wird gleichzeitig ein wichtiger Beitrag zur ideologischen Auseinandersetzung mit den theoretischen und ideologischen Positionen zum imperialistischen Wirtschaftsrecht zu leisten sein. Eine grobe Sichtung dieser Positionen zeigt, daß sich mehr oder weniger alle Theoretiker des imperialistischen Wirtschaftsrechts auf die Grundformen beziehen, daß das Wirtschaftsrecht ein „Recht der Wirtschaftslenkung", ein „Recht der Programmierung", mitunter auch ein „Recht der Wirtschaftsplanung" sei. Bereits diese scheinbare Gleichstellung mit der Grundfunktion des sozialistischen Wirtschaftsrechts als eines wichtigen Instruments der bewußten planmäßigen Gestaltung der sozialistischen Volkswirtschaft zeigt die dringliche Notwendigkeit, die tatsächlichen Grundlagen und Funktionen des imperialistischen Wirtschaftsrechts aufzudecken. Im Zuge dieser Auseinandersetzung wird es möglich sein, präziser und prinzipieller den Gegensatz zum sozialistischen Wirtschaftsrecht herauszuarbeiten.
Welche prinzipiellen Hauptprobleme sind bei der Analyse des imperialistischen Wirtschaftsrechts zu beachten?
1. Die Analyse muß ausgehen von der veränderten ökonomischen Rolle des imperialistischen Staates. Das imperialistische Wirtschaftsrecht ist in einer bestimmten Entwicklungsphase des Kapitalismus entstanden, beim Übergang vom Kapitalismus der freien Konkurrenz zum monopolistischen Kapitalismus. Besondere Entfaltung erfährt das Wirtschaftsrecht jedoch im staatsmonopolistischen Stadium. Diesen historischen Zusammenhang deckt die imperialistische Theorie nicht auf. Sie beruft sich vielmehr auf die Überwindung von Auswirkungen des I. bzw. II. Weltkrieges, bzw. auf die Kriegswirtschaft überhaupt, auf bestimmte Ziele der „sozialen Gerechtigkeit". Sie geht mitunter sogar soweit zu behaupten, daß immer dann, „sobald es der Staat unternimmt, die Wirtschaft zu beeinflussen", Wirtschaftsrecht entsteht.[1] Wir können nicht davon

[1] G. Rinck, Wirtschaftsrecht, Köhl/Berlin/Bonn/München 1972, S. 9

ausgehen, daß das Wirtschaftsrecht sich zufällig entwickelt hat. Bestimmte ökonomische Verhältnisse führen gesetzmäßig zur Entwicklung des Wirtschaftsrechts. Das sind vorwiegend die ökonomischen Prozesse der Konzentration und Zentralisation des Kapitals, der Monopolisierung, der staatlichen Regulierung der Wirtschaft.
Es muß unsere grundlegende Aufgabe sein, die objektive Notwendigkeit des imperialistischen Wirtschaftsrechts als Instrument der staatsmonopolistischen Regulierung herauszuarbeiten und damit gleichzeitig einen konkreten Beitrag zur Analyse der ökonomischen Rolle des imperialistischen Staates zu leisten.[2] Dabei muß von solchen grundlegenden Erkenntnissen der marxistisch-leninistischen Politischen Ökonomie ausgegangen werden, daß „die ökonomische Tätigkeit des imperialistischen Staates zur Existenzbedingung für den staatsmonopolistischen Kapitalismus, für die weitere Aufrechterhaltung des kapitalistischen Reproduktionsprozesses geworden ist."[3]
Es ist bekannt, daß dieses Eingreifen zwar nichts prinzipiell am spontanen Charakter der ökonomischen Prozesse im Imperialismus ändert, aber doch eine Wirkungsbedingung für bestimmte ökonomische Gesetzmäßigkeiten des Imperialismus darstellt. Der imperialistische Staat hat nicht nur die Aufgabe, bestimmte soziale Auswirkungen der Ausbeutung und der imperialistischen Politik auszugleichen und dadurch die politische Akivität des Proletariats zu lähmen, sondern die Wirkungsbedingungen des Monopolkapitals mit Hilfe des Staates zu gestalten und zu sichern, den Verwertungsprozeß zu beeinflussen und wichtige Gesamtproportionen herzustellen. Da der imperialistische Staat dabei auf die Schranke des Privateigentums stößt und im Ergebnis keine den gesellschaftlichen und geschichtlichen Erfordernissen entsprechende Lösung herbeiführen kann, sondern die vorhandenen Klassenwidersprüche verschärft und eine überholte Gesellschaftsordnung zu retten versucht, ist eine wichtige Aussage über das Wesen des modernen Imperialismus.
Andererseits muß jedoch davon ausgegangen werden, daß die ökonomische Rolle des imperialistischen Staates zu den Wirkungsbedingungen der ökonomischen Gesetze des Staatsmonopolkapitalismus gehört. Tjulpanow/Scheinis schreiben dazu: „Der heutige kapitalistische Staat *ist nicht nur ein Organ der politischen Gewalt,* sondern auch eine *starke ökonomische Potenz,* die sich auf gewaltige wirtschaftliche Ressourcen und auf Organe der Wirtschaftsregulierung stützt, ohne die der Reproduktionsprozeß im gesellschaftlichen Maßstab nicht ablaufen kann.[4] Das imperialistische Wirtschaftsrecht ist ein mehr oder weniger gut geeignetes Instrument, hinter dem sich außerordentlich differenzierte Klasseninteressen verbergen. Es dient der Ausgestaltung der staatsmonopolistischen Wirtschaftspolitik und stellt die verschiedenen juristischen Mittel zur Verfügung, um diese Politik umzusetzen und die gesellschaftlichen Prozesse zu regeln. Zu diesen Mitteln gehören Rechtsformen der Organisation der Unternehmen, der sogenannten Kontrolle der Machtkonzentration ebenso wie Rechtsformen zur Durchsetzung einer antiinflationären Politik. Das Wirtschaftsrecht erfaßt sowohl die Organisation der kapitalistischen Unternehmen wie die der Staatsunternehmen, den Staatshaushalt, die Geld- und Kreditpolitik, die Reglementierung der Ausbeutungsbeziehungen, den Außenhandel, die Rüstungswirtschaft, die sogenannte Wirtschaftsprogrammierung, eigentlich den ge-

---

[2] Zu einigen grundlegenden Funktionen s. Neumann/Rudolph, „Zum Charakter und zu einigen Funktionen des imperialistischen Wirtschaftsrechts", Staat und Recht 1976, Heft 6, S. 619 ff.
[3] K. H. Schwank, Staatsmonopolitische Wirtschaftsregulierung in der Gegenwart, Berlin 1974, S. 30
[4] S. I. Tjulpanow: V. L. Scheinis, „Aktuelle Probleme der politischen Ökonomie des heutigen Kapitalismus", Berlin 1975, S. 109 (im Original kursiv)

samten Reproduktions- und Verwertungsprozeß und die zu seiner Steuerung angewandten staatlichen Mittel.

2. Mit der Analyse des imperialistischen Wirtschaftsrechts und seiner Einordnung in das *Gesamtrechtssystem* wird ein zweites grundlegendes Problem sichtbar: Das Gesamtrechtssystem des bürgerlichen Staates der freien Konkurrenz mit seiner Trennung von öffentlichem und privatem Recht, bzw. mit seiner Gliederung in die vier großen Rechtszweige Verfassungsrecht, Verwaltungsrecht, Strafrecht und Privatrecht, existiert objektiv nicht mehr. Die staatlichen Regulierungsprozesse des imperialistischen Staates lassen sich im Rahmen der prinzipiellen Trennung von öffentlichen und privaten Recht nicht mehr erfassen. Die ökonomische Rolle des imperialistischen Staates führt objektiv zur Sprengung des alten bürgerlichen Rechtssystems der freien Konkurrenz. Gerade am Wirtschaftsrecht, aber auch an anderen Rechtszweigen, wie am Verwaltungsrecht, am Arbeitsrecht, am Agrarrecht und am Privat- und Handelsrecht wird sichtbar, daß die gesellschaftlichen Beziehungen der imperialistischen Gesellschaftsordnung so wesentlich von der regulierenden Rolle des imperialistischen Staates beeinflußt werden, daß von einer „freien Gestaltung durch die Vertragspartner“ als rechtstheoretischer Maxime nicht mehr gesprochen werden kann, abgesehen davon, daß es aufgrund der Klassenbeziehungen keine freie Gestaltung gab, sondern nur eine Unterordnung des Schwächeren unter die Macht des Stärkeren. Im staatsmonopolistischen Stadium greift der Staat in alle gesellschaftlichen Beziehungen ein.[5]

Die imperialistischen Theoretiker des Wirtschaftsrechts sehen diese Auswirkung auf das Gesamtrechtssystem. Sie haben jedoch Schwierigkeiten mit der Einordnung des Wirtschaftsrechts. Einige betrachten es als Wirtschaftsverwaltungsrecht, andere stärker als eine Art Handelsrecht. Aber alle sind sich zumindestens darüber einig, daß das Wirtschaftsrecht nicht mehr in das Schema der Trennung von öffentlichem und privatem Recht paßt. Einige Positionen sollen das illustrieren. Rinck schreibt z. B.: „Das Wirtschaftsrecht gehört beiden Gebieten an. Gerade hier sind öffentliches und privates Recht auf das engste verknüpft.“[6] Hopt dagegen schreibt ... „daß im Bereich des Wirtschaftsrechts in besonderem Maße Interessen und Rechtspositionen der einzelnen Wirtschaftssubjekte und des Staates, privatrechtliche und öffentlichrechtliche Ordnungselemente, Rechtswerte und (wirtschafts- und sozial) politische Zweckmäßigkeiten aufeinandertreffen. ... Dieses spezifische Spannungsverhältnis sollte man nicht begrifflich überspielen ... man sollte die bestehenden Gegensätze in einem die Trennung von privatem und öffentlichem Recht übergreifenden, selbständigen Wirtschaftsrecht zur Kenntnis nehmen und zu integrieren versuchen.“[7] Auch Friedmann spricht davon, „wie unrealistisch es ist, an einer dogmatisch scharfen Unterscheidung, die mehr als nur allgemeine Richtlinie sein will, zwischen öffentlichem und privatem Recht festzuhalten.“[8] Es wird noch grundlegender theoretischer Arbeit bedürfen, um das Gesamtrechtssystem des imperialistischen Staates und dessen historische Bedeutung zu analysieren und zu bebestimmen.

3. Ein drittes theoretisches Grundproblem der Analyse des imperialistischen Wirtschaftsrechts ist die Analyse der Eigentumsverhältnisse und deren Widerspiegelung in Theorie

---

[5] So schrieb bereits 1961 Kollmar für das Privatrecht ein Buch mit dem bezeichneten Titel: „Das Problem der staatlichen Lenkung und Beeinflussung des rechtsgeschäftlichen Verkehrs“ (Tübingen 1961)

[6] a. a. O., S. 5

[7] Klaus J. Hopt, „Rechtssoziologische und rechtinformatorische Aspekte im Wirtschaftsrecht“, Der Betriebs-Berater, 1972 Heft 24, S. 1017

[8] W. Friedmann, „Recht und sozialer Wandel“, Frankfurt/Main 1969, S. 290

und Recht. Hier zeigen sich am deutlichsten die imperialistische Apologie der tatsächlichen ökonomischen Verhältnisse. Die imperialistische Ideologie und Theorie hat bekanntlich stets mehrere Aufgaben gleichzeitig zu erfüllen. Sie hat Theorien zur Sicherung des Funktionsmechanismus des Imperialismus und zur Verschleierung des sozialökonomischen Charakters des gegenwärtigen Imperialismus zu entwickeln und gleichzeitig zur Verfälschung des Wesens des real existierenden Sozialismus beizutragen. Die Theoretiker des imperialistischen Wirtschaftsrechts vertreten je nach Klassenposition verschiedene ideologische Strömungen. Besondere Aufmerksamkeit wird dabei der Konvergenztheorie zu widmen sein, die besonders stark im Zusammenhang mit der Analyse der Eigentumsverhältnisse auftritt. Geht es ihr doch darum, die „Gemeinsamkeiten" zwischen dem sozialistischen Eigentum in der DDR und dem Eigentum im Imperialismus zu konstruieren.

Wir wissen, daß die Analyse der Eigentumsverhältnisse grundlegende Voraussetzung ist, um den Charakter einer Gesellschaftsordnung zu bestimmen. Für die staatsmonopolkapitalistische Phase des Imperialismus gibt es dabei folgende Gesetzmäßigkeiten zu berücksichtigen:

- Die verstärkte Tendenz der Trennung von Kapitaleigentum und Kapitalfunktion, die zur Herausbildung der parasitären Schichten der Finanzoligarchie führt und zur Herausbildung der Schicht der von diesen Kräften mit der Leitung der Ausbeutung und Verwertung des Kapitals Beauftragten (gemeinhin als Manager bezeichnet).
- Die verstärkte Entwicklung von Staatseigentum, die dazu führt, daß der imperialistische Staat selbst unmittelbar an den Verwertungsbedingungen beteiligt ist. Der imperialistische Staat reguliert nicht nur die gesamte Wirtschaft, er ist häufig in manchen Zweigen selbst der größte Unternehmer.
- Die verstärkte Tendenz, das Wesen des imperialistischen Eigentums dadurch zu verschleiern, daß das Eigentum „breit gestreut" wird, daß die Arbeiter am Eigentum „mitbeteiligt" werden, daß durch sogenannte Volksaktien, Kleinaktien eine Überwindung des kapitalistischen Eigentums eingetreten sei.

Ausgehend von diesen Gesetzmäßigkeiten und Tendenzen kommt z. B. Rinck zu der Auffassung: „Das Eigentum an den Produktionsmitteln hat keine Bedeutung mehr. Die Industriegesellschaft ist auf ganz andere Weise mit dem Problem wirtschaftlicher Macht konfrontiert; Fusionskontrolle, Steuerpolitik. An die Stelle der weithin überholten marxistischen Fragestellung sind heute zwei andere Probleme getreten; die Spannung zwischchen unternehmerischer Freiheit und staatlicher Lenkung und als zweites der gruppenweise organisierte Kampf um den Anteil am Sozialprodukt".[9] Hier wird das Eigentum also in die Sphäre der Distribution verlagert. Noch deutlicher wird er, wenn er schreibt: „Der Gegensatz zwischen Kapitalismus und Sozialismus, wie ihn Karl Marx gelehrt hat, ist nicht mehr aktuell. Er gehört in der Bundesrepublik einer vergangenen Epoche an."[10]

Andere Theoretiker gehen zwar noch von der Macht der Großunternehmen aus und versuchen sie zu analysieren, obgleich sie z. B. die Macht der Großunternehmen gleichsetzen mit der Macht der Gewerkschaften. Das wird z. B. bei Friedmann deutlich: „Zwar üben sowohl das Großunternehmen als auch die Mammutgewerkschaft gegenwärtig eine in hohem Maße quasi-öffentliche Machtfunktion, nämlich eine ‚delegierte Befehlsgewalt' aus ... Die Macht des Großunternehmens über das öffentliche Leben wirkt sich vor allem in dreifacher Hinsicht aus: erstens bestimmt die Konzentration

---

9 a. a. O., S. 22
10 a. a. O., S. 21

der verfügbaren Kapitalmittel weitgehend Art und Tempo der industriellen Produktion, technologischen Forschung, Preispolitik und die Verbrauchergewohnheiten... zweitens bestimmen die großen Unternehmen die Arbeitsbedingungen von Millionen Arbeitnehmern... und da drittens die wohltätige Stiftung, die Erziehungs- und soziale Aufgaben unterstützt, immer häufiger als Nebenerscheinung des Großunternehmens anzutreffen ist, kann letzteres in zunehmenden Maße auch auf die Bildungs- und Kulturpolitik Einfluß nehmen."[11]

So schillernd die einzelnen Positionen der Eigentumsverhältnisse auch sein mögen, sie kommen letztlich nicht umhin, das Privateigentum als die entscheidende Grundlage der imperialistischen Gesellschaftsordnung zu verteidigen und anzuerkennen. Es muß unsere Aufgabe sein, die sehr verschiedenen Varianten der bürgerlichen Eigentumsideologien und der rechtlichen Regelung auf ihren tatsächlichen Gehalt zu reduzieren: auf die Verschleierung der im Wesen unveränderten Eigentumsverhältnisse, die Verhältnisse der Ausbeutung sind. Diese Eigentumsideologien zeigen jedoch, daß die Kraft des realen Sozialismus sie bereits zwingt, das Wesen des Eigentums im Imperialismus als Ausbeutungseigentum prinzipiell zu leugnen. Gleichzeitig gilt es zu erkennen, daß bestimmte revisionstische Positionen zum sozialistischen Eigentum nichts anderes sind, als wiederum verschleierte Varianten der imperialistischen Eigentumstheorien, die besonders stark von sozialdemokratischen Kräften vertreten werden.

[11] a. a. O., S. 294

GISELA NEUMANN

Staatsmonopolistische Planungen und imperialistisches Wirtschaftsrecht

Die Verschärfung der inneren und äußeren Widersprüche im System des staatsmonopolistischen Kapitalismus bewirkte eine grundlegende Änderung der Funktionen des Staates und des Rechts in bezug auf die Wirtschaft.[1]

Zu den neuen Elementen, die in besonderem Maße die Entwicklung des imperialistischen Wirtschaftsrechts prägen, gehört die staatsmonopolistische Planung. Man versucht, einzelstaatlich und im Rahmen von Integrationsformen durch den gezielten Einsatz langfristig wirkender Maßnahmen und traditioneller punktuell und kurzfristig wirkender Regelungen (wie z. B. Steuern, Subventionen, Zölle) die ökonomischen und politischen Prozesse des Kapitalismus stabiler zu gestalten.

Wirtschaft und Wirtschaftsleitung gehören zu den entscheidenden Kampffeldern im Prozeß der friedlichen Koexistenz. Eine Auseinandersetzung mit dem Charakter, der Wirkungsweise und den Rechtsformen staatsmonopolistischer Wirtschaftsplanung in ihrer Verknüpfung mit interventionistischen Regulierungsformen ist deshalb erforderlich.

– Zum Charakter von Planungen im System staatsmonopolistischer Wirtschaftsleitung

Die Klassiker des Marxismus-Leninismus haben mehrfach hervorgehoben, daß die Anarchie der kapitalistischen Produktionsweise Planmäßigkeit nicht völlig ausschließt, daß bestimmte Elemente von Planmäßigkeit der kapitalistischen Wirtschaft bereits in ihren Anfangsstadien eigen sind, und daß der Anteil dieser Elemente tendenziell zunimmt.[2] Der Aspekt der Planmäßigkeit wurde von Lenin bei der Charakterisierung von Maßnahmen staatsmonopolistischer Wirtschaftsregulierung ausdrücklich hervorgehoben.[3] Für staatsmonopolistische Planungsversuche als spezifisches Element staatsmonopolistischer Wirtschaftsleitung gilt zugleich, was zum Charakter und zu den Funktionen staatsmonopolistischer Leitung generell ausgesagt wurde: „Als Funktion des Kapitals erhält die Funktion der Leitung spezifische Charaktermerkmale".[4] Aus der Zwieschlächtigkeit des zu leitenden Produktionsprozesses ergibt sich auch der zwieschlächtige Charakter der kapitalistischen Leitung. Es handelt sich einerseits um Leitung eines gesellschaftlichen Arbeitsprozesses, andererseits um den Verwertungsprozeß des Kapitals, um eine Funktion der Ausbeutung.[5] Letzteren Aspekt hob Lenin hervor als er

---

1 „Marxistisch-leninistische Staats- und Rechtstheorie", Berlin 1975, Kap. 7 und 8

2 F. Engels, Marx/Engels-Werke Bd. 19, Berlin 1969, S. 220/221; Bd. 22, Berlin 1970, S. 232

3 Sie stellen „Schritte zur Regulierung des Wirtschaftslebens in seiner Gesamtheit nach einem bestimmten, allgemeinen Plan ..." dar, W. I. Lenin, Werke Bd. 25, Berlin 1974, S. 370. „Was wir jetzt haben, ist ein direktes Hinüberwachsen des Kapitalismus in seine höchste planmäßige Form", W. I. Lenin, Werke Bd. 24, Berlin 1974, S. 299

4 K. Marx, Marx/Engels-Werke Bd. 23, Berlin 1968, S. 350

5 Ders. a. a. O.

ausführte: „Die Einführung der Planmäßigkeit befreit die Arbeiter nicht davon, Sklaven zu sein, die Kapitalisten aber streichen ihre Profite planmäßiger ein".[6]
Die beschleunigte Entwicklung der staatsmonopolistischen Regulierung der Wirtschaft auf einzelstaatlicher und zwischenstaatlicher Basis ist zugleich Ausdruck der Anpassungsbestrebungen des Imperialismus an seine von Grund auf veränderten Existenzbedingungen. Der Kapitalismus ist gezwungen, aus objektiven Gesetzmäßigkeiten der Produktivkraftentwicklung resultierende Prozesse der wissenschaftlich-technischen Revolution in unmittelbarer Konfrontation mit dem realen Sozialismus zu meistern. Dabei beweist die gegenwärtige Situation besonders nachdrücklich, daß die sich widersprechenden Grundlagen des Imperialismus – Monopol und Konkurrenz – diesen Bestrebungen ständig entgegenwirken. Staatsmonopolistische Planungen sind Teil der letzten Endes vergeblichen Versuche, den Auswirkungen der allgemeinen Krise zu begegnen. Ihre Erfolge sind dementsprechend immer nur zeitweilig und begrenzter Natur.
Sozialistische und staatsmonopolistische Planung sind wesensverschieden. Sie unterscheiden sich demgemäß auch in ihren Erscheinungsformen (Subjektstrukturen, Formen und Wirkungsweise) grundlegend voneinander. In der Literatur wird häufig versucht, diesen Gegensatz zu verdeutlichen, indem anstelle des Begriffs staatsmonopolistische Planung der Begriff Programmierung verwendet wird. Da Programmierung nur eine, wenn auch zentrale Methode staatsmonopolistischer Planung ist, wird hier der Begriffsbildung der Klassiker des Marxismus-Leninismus folgend, der Begriff Planung verwendet.

– Gegenstand und Zielstellungen staatsmonopolistischer Planungen

Das prinzipielle Ja oder Nein zur Planung steht nicht mehr im Vordergrund der bürgerlichen Planungsdiskussionen. Es geht, nachdem die staatsmonopolistische Planungspraxis bereits mehrere Phasen durchlaufen hat, um die Möglichkeiten, Instrumente und Methoden der Planung durch die Staatsorgane einschließlich der dabei auftretenden Kompetenzprobleme. Für die BRD war in der ersten Phase z. B. die sogenannte Globalsteuerung solcher Größen wie Wirtschaftswachstum, Preisniveau, Beschäftigung charakteristisch. Sie wurde als „gesamtwirtschaftliche Rahmenplanung" und mittelfristige Finanzplanung präsentiert. In der zweiten Phase (etwa seit 1969) wurde mit sog. komplexer lang- und mittelfristiger Aufgabenplanung und strategischer Zielplanung begonnen. Neue Akzente setzen gegenwärtig die Bemühungen um ein System politischer Planung, die als „Planung der Planung" den Rahmen für eine Koordinierung der einzelnen zu planenden Bereiche und für die Festlegung bestimmter Prioritäten setzen und auf diese Weise die ökonomischen, sozialen und politischen Prozesse systemstabilisierend beeinflussen soll.[7] Die EWG-Verträge wurden während der großen Planungswelle der sechziger Jahre schlechthin als Planungsverfassungen qualifiziert und ihre Zielstellungen als eine auf fortschreitende Integration gerichtete Planung bezeichnet.[8] Bekanntlich wird

[6] W. I. Lenin, Werke Bd. 24, Berlin 1974, S. 299

[7] Heribert Schatz, „Auf der Suche nach neuen Problemlösungsstrategien: Die Entwicklung der politischen Planung auf Bundesebene", in „Planungsorganisation", Hrsg. Renate Mayntz; Fritz Scharpf, München 1973, S. 7 ff; Joseph H. Kaiser, „Planung VI" (Integrierte Systeme der Planung und Budgetierung), Baden-Baden 1972; Rainer Waterkamp, „Politische Leitung und Systemveränderung zum Problemlösungsprozeß durch Planungs- und Informationssysteme, Köln/Frankfurt 1974; Burkhard Dobiey, „Die politische Planung als verfassungsrechtliches Problem zwischen Bundesregierung und Bundestag, Berlin (West) 1975

[8] So C. F. Ophüls, „Die Europäischen Gemeinschaftsverträge als Planungsverfassungen", in: J. H. Kaiser, „Planung I", S. 229 ff. K. H. Friauf, „Probleme der Durchführung europäischer Gemeinschaftsplanungen in der BRD", in: J. H. Kaiser, „Planung IV", S. 44/45

der Wirtschaftsmechanismus der EWG vor allem durch die Elemente Zollunion, Wettbewerbsfreiheit, Freizügigkeit der Arbeitskräfte, der Niederlassung, des Dienstleitungs- und Kapitalverkehrs und die als „Planung der Wirtschaft“ bezeichnete Globalsteuerung gebildet. In den sechziger Jahren begann man, die globalen wirtschaftspolitischen Zielstellungen der einzelnen Mitgliedstaaten auf der Grundlage von Programmen einer mittelfristigen Wirtschaftspolitik zu koordinieren. Im Gefolge dieser Maßnahmen setzten Bemühungen um die Einbeziehung der gesamten Finanzpolitik (Haushalts-, Kredit-, Kapitalmarkt-, Steuerpolitik etc.) in die Gemeinschaftspolitik ein. Außerdem wurden Regulierungen für die einzelnen Bereiche der Wirtschaftspolitik (Handelspolitik, Struktur- und Regionalpolitik, Agrar-, Verkehrs-, Sozial-, Energie-, Forschungs-, Technologie-, Industrie- und Entwicklungshilfepolitik geschaffen. Die Entwicklung der staatsmonopolistischen Planungen im EWG-Bereich ist Bestandteil einer außerordentlich expansiven Wirtschaftspolitik. Das zunehmende wirtschaftliche Expansionsstreben der Monopole bewirkt Strukturveränderungen durch Konzentration und Zentralisierung des Kapitals über die Grenzen hinweg. Die Monopolgruppen Westeuropas sind gezwungen, sich in diesem Prozeß gegen die durch Direktinvestitionen forcierte Expansion der USA-Monopole in das Gebiet der EWG hinein zu behaupten und darüber hinaus ihre weltwirtschaftlichen Positionen gegenüber Japan und den USA durch effektive Gestaltung der Beziehungen zu Drittstaaten abzusichern. Wirtschaftsregulierung im EWG-Bereich dient dazu, einzelstaatliche Schranken für das Wirken der kapitalistischen Konkurrenzgesetze abzubauen und die Abschirmung gegenüber Drittstaaten zu gewährleisten. Die Planungen im Rahmen der EWG sind zugleich Instrument der Auseinandersetzung der Monopolgruppen um die Vorherrschaft in diesem Bereich. Daraus erwachsen so erhebliche Interessenwidersprüche und Auseinandersetzungen um Zielstellungen und Realisierungsmethoden der Planung, daß diese in vielen Bereichen stagnieren oder ständige Spannungsherde zwischen den Mitgliedstaaten bilden. So führten die Auseinandersetzungen um die Agrarpolitik und ihre Verwirklichung die EWG mehrfach in ernsthafte Existenzkrisen.

Im Verhältnis zu den sozialistischen Staaten, aber auch zu Entwicklungsländern, wurde mittels der Planung und mit ihr verbundener Regulierungsmaßnahmen vor allem in Bereichen wie der gemeinsamen Handelspolitik, der Agrarpolitik und der Entwicklungshilfepolitik eine die Entwicklung normaler Handels- und Wirtschaftsbeziehungen behindernde, zum Teil direkt diskriminierende Politik verfolgt.

– Zum Rechtsbegriff staatsmonopolistischer Planung im Selbstverständnis bürgerlicher Rechtswissenschaft

Die Diskussion um die staatsmonopolistische Planung wurde teils auf der Grundlage sozialreformistischer, teils auf der Grundlage technokratisch-autoritärer Staatsauffassungen geführt. Beide Grundauffassungen gehen von der Klassenneutralität des Staates aus (Theorien vom „Leistungsstaat“, dem in größerem Maße als im vormonopolistischen Stadium die Verteilung und Umverteilung der Mittel obliegt). Die Absurdität dieser These liegt auf der Hand. Wichtig ist, den engen Zusammenhang zwischen Fragen der staatsmonopolistischen Wirtschaftsplanung und den Diskussionen um die Probleme der Wirtschaftsverfassung zu sehen. In der bürgerlichen Rechtswissenschaft wird übereinstimmend die Auffassung vertreten, das „Wirtschaften“ sei nicht primär Sache des Staates, sondern des „privaten“ Unternehmens.[9]

Daran hat auch die Verstaatlichung bestimmter Betriebe oder sogar ganzer Zweige

---

[9] H.-P. Ipsen: „Rechtsfragen der Wirtschaftsplanung“, in: J. H. Kaiser, Planung II, Baden-Baden 1966, S. 87

nichts geändert. In der Tat hebt der den staatsmonopolistischen Kapitalismus kennzeichnende Prozeß immer engerer Verflechtung des Staatsapparates mit dem Machtapparat der Monopole die aus dem Privateigentum resultierenden Schranken für die Vergesellschaftung der Leitungsprozesse nicht auf. Diese Schranken für die Vergesellschaftung von Leitungsprozessen unter staatsmonopolistischen Bedingungen äußern sich auch in den Aufgabenstellungen für ein Recht der Wirtschaftsplanung und der Bestimmung der Grenzen des Rechts in der Planung. Prozesse der Wirtschaftsplanung sind für das staatsmonopolistische Leitungssystem nur insofern rechtlich relevant, wie es sich um „hoheitliche" Planungen handelt. Bei bürgerlichen Planungsrechtlern erscheint deshalb auch der Staat resp. seine Organe allein als Subjekt und Träger der Planung, ungeachtet der Tatsache, daß die „nichthoheitliche" privatkapitalistische Planung die entscheidende Säule der Planung im staatsmonopolistischen System ist. Dem Staat wird die „Verantwortung für das Funktionieren der Wirtschaft in ihrer Gesamtheit öffentlichen Interesses..." übertragen, ihm wird der „Verfassungsauftrag... (der)... staatlichen Wachstumsvorsorge" erteilt.[10] Damit soll einmal der Eindruck erweckt werden, es handele sich bei der Planung um die Wahrnehmung gesamtgesellschaftlicher Interessen. Zum anderen wird die Verantwortung für das kalkulierte Versagen der Planung von vornherein von den Monopolen auf den Staat abgewälzt. Tatsächlich repräsentiert jedoch der Staat nur ein gemeinschaftliches Interesse der Monopole als „Allgemeininteresse".[11] Diese Aufgabenstellung ist formuliert in der Forderung nach einer hoheitlichen Verhaltensbeeinflussung der privaten Wirtschaft, welche der Autonomie der der Wirtschaft entspricht und ihre grundrechtliche Wirtschaftsfreiheit respektiert. Hier wird deutlich, daß die Grenzen der staatsmonopolistischen Planung und ihrer Gestaltung durch das Recht nicht nur in der Konkurrenz und Anarchie in den Beziehungen zwischen den Monopolen, sondern vor allem auch in der nach wie vor gegebenen Polarisierung von Staat und Wirtschaft liegen. Das widersprüchliche Verhältnis Staat – Monopole spiegelt sich in der Wahl der Formen und Methoden der staatsmonopolistischen Planung und in den Auffassungen über ihre Rechtswirkungen wider. Planungsmaßnahmen, die direkt an den privatkapitalistischen Bereich der Wirtschaft gerichtet sind, wirken in allen kapitalistischen Industrieländern unabhängig von einer gewissen Spezifik der jeweils verwendeten Formen und Methoden fast ausschließlich indikativ und influenzierend. Das heißt es werden unverbindliche Orientierungen, Vorausschätzungen und Zielprojektionen gegeben. Durch informative Datensetzung und die Schaffung bestimmter Anreize für die Zielverwirklichung (z. B. Förderungsmaßnahmen auf dem Gebiet des Ex- und Imports), Inaussichtstellen von Nachteilen im Fall der Nichteinordnung in die Zielstellung, werden mittelbar Wirkungen auf die Planadressaten ausgeübt. Auch die Subjektstrukturen staatsmonopolistischer Planung werden durch die Besonderheiten der Beziehung Staat – Monopole bestimmt. Die staatlichen Planungsfunktionen werden vor allem durch Haushalts-, Finanz- und Wirtschaftsorgane (speziell auch durch die Staatsbanken) wahrgenommen. In einigen Ländern (z. B. in Frankreich) sind die Planungskompetenzen bei eigens zu diesem Zweck gebildeten Organen zentralisiert. Entsprechend dem tatsächlichen Zusammenhang zwischen der staatlichen Planung und der Planung der Monopole sind die entscheidenden Kettenglieder im Strukturgefüge staatsmonopolistischer Planung jeweils die Organisationsformen, in denen staatliche und privatmonopolistische Planungsträger zusammenwirken. Das sind im System der französischen Planifikation z. B. die zahlreichen den Planungsorganen zugeordneten

---

[10] H.-P. Ipsen, a. a. O.

[11] K. Marx/F. Engels, Werke Bd. 3, Berlin 1969, S. 34

Kommissionen und ihre Arbeitsgruppen, in denen die Vertreter der Wirtschaft, vor allem der Unternehmerverbände, ca. 50% der Mitglieder stellen. Auch in anderen kapitalistischen Industrieländern wie der BRD sind es vor allem die Spitzenverbände der Monopole, die über ihre Präsenz in staatlichen Gremien (Beiräte, Fachausschüsse) als Bindeglieder fungieren. In diesen Gremien wird die eigentliche Planungsarbeit geleistet. Trotzdem werden die Monopole aus der planungsrechtlichen Bindung und Verantwortung herausgelassen, das Schwergewicht rechtlicher Bindung an den Plan liegt beim Staat. So erscheint in der französischen Planifikation z. B. der Plan als gemeinsame Willenserklärung der in den Kommissionen vertretenen Wirtschaftssubjekte, die jedoch einseitig vom Staat (im Wege der Genehmigung durch die verfassungsmäßig zuständigen Organe) ratifiziert wird.[12] Wo eine Bindung der kapitalistischen Unternehmen angestrebt wird, kann diese nur über vertragliche Vereinbarungen erzielt werden. Es besteht somit ein grobes Mißverhältnis zwischen den Einfluß- und Entscheidungsmöglichkeiten der Monopole im Prozeß staatsmonopolistischer Planung und ihrer Verantwortung für die wirtschaftliche Entwicklung. Wo das umstrittene Instrument der Planverträge genutzt wird, geschieht dies vor allem zwecks Regelung staatlicher Unterstützung für die privaten Monopole (z. B. zur Realisierung von Subventionen, bei der Verwirklichung von Programmen der Infrastruktur).[13]

Der undemokratische Charakter staatsmonopolistischer Planung äußert sich auch in der Stellung der bürgerlichen Parlamente im Planungsprozeß. Planung erscheint im wesentlichen als Funktion der Exekutive. In ihrem Rahmen erfolgt auch die gemeinsame Willensbildung Staat-Monopole. Das Parlament hat nur begrenzte Möglichkeiten, sich in die Tätigkeit dieser Gremien Einblick zu verschaffen oder gar Einfluß auf sie zu nehmen.[14] Folgerichtig bezeichnen sogenannte handlungs- und entscheidungsorientierte Planungstheorien die parlamentarischen Systeme als „potentielle Störfaktoren der politisch-administrativen Prozeßverläufe.[15] Die Probleme der staatsmonopolistischen Planungsversuche im einzelstaatlichen Bereich durchziehen in modifizierter Form auch die Versuche einer Internationalisierung der Planungen im Rahmen der EWG. Die Organe supranationaler Wirtschaftslenkung, die in gewissem Umfange gemeinsame Interessen der einzelnen Staaten und ihrer Monopolgruppen vertreten, können noch weniger als das im einzelstaatlichen Bereich möglich ist, eine echtes gesamtgemeinschaftliches (gesellschaftliches) Interesse repräsentieren. Es kumulieren sich auf dieser Ebene die für den einzelstaatlichen Bereich charakteristischen Interessenwidersprüche, vermehrt um den der divergierenden einzelstaatlichen Interessen, die sich in unterschiedlichen wirtschaftspolitischen Zielvorstellungen äußern. Es ist deshalb nicht verwunderlich, daß die Programme zur Koordinierung der Wirtschaftspolitik der Mitgliedsstaaten zwar recht hochgegriffene Zielstellungen formulieren, in bezug auf die Bestimmung der Mittel und Wege ihrer Verwirklichung und vor allem auch im Hinblick auf die sich daraus ergebenden Bindungen der Staaten jedoch sehr vage gehalten sind. Die Herausbildung supranationaler Elemente in Gestalt zentralisierter Entscheidungsbefugnisse erfolgte deshalb auch nur vereinzelt, z. B. im Bereich der gemeinsamen Handelspolitik, der Agrarpolitik

[12] Vgl. H. J. Hoenisch, „Planifikation – Recht zwischen Plan und Freiheit", Berlin, (West) 1974

[13] Vgl. G. Neumann / H. Rudolph, „Zum Charakter und zu einigen Funktionen des imperialistischen Wirtschaftsrechts", Staat und Recht, 6/1976, S. 619 ff.

[14] W. Brohm, „Sachverständige und Politik, Rechtsfragen der Beratung in der Wirtschafts- und Sozialpolitik in der BRD", Festschrift für E. Forsthoff zum 70. Geburtstag, München 1970, S. 37 ff.; Rainer Waterkamp, a. a. O., S. 266; Burkhard Dobiey, a. a. O.

[15] Hinweise z. B. bei W. Väth, „Zum Verhältnis von Parlament und Planung", Zeitschrift für Parlamentsfragen 2/1974, S. 288 ff.

mit entsprechenden Kompetenzverlusten der einzelnen Mitgliedstaaten. Die Rechtswirkungen der koordinierenden Planungen und der Instrumente ihrer Realisierung sind eingebettet in die Problematik des Verhältnisses von EWG-Recht und einzelstaatlichem Recht. Die in den Programmen fixierten Ergebnisse der Koordinierung sind in den Mitgliedstaaten nicht unmittelbar anwendbar.[16] Da Wahl und Gestaltung der Durchführungsmittel den Mitgliedstaaten grundsätzlich frei stehen, kommen auf dieser Ebene die Widersprüche hinzu, die sich aus der unmittelbaren Konfrontation unterschiedlicher einzelstaatlicher Konzeptionen staatsmonopolistischer Wirtschaftsregulierung ergeben.
Die weitgesteckten Ziele, die in den sechziger und Anfang der siebziger Jahre für die Entwicklung einer gemeinsamen EWG-Wirtschaftspolitik formuliert wurden, sind nicht realisiert worden.[17] Die Entwicklung staatsmonopolistischer Planungen wie des gesamten staatsmonopolistischen Regulierungsmechanismus beweist deutlich, welche Grenzen durch das sozialökonomische System gegeben sind. Angesichts der sich verschärfenden Widersprüche des Systems sind Versuche, gesamtgesellschaftliche Interessen repräsentierende Zielstellungen zu projizieren und zu realisieren, zum Scheitern verurteilt.

---

16 H.-P. Ipsen, Europäisches Gemeinschaftsrecht, Tübingen 1972, S. 782 ff.

17 Vgl. z. B. Ortol, in: Rede vor dem Europäischen Parlament, Europa-Archiv Nr. 6/75, D 152 ff., Tindemans-Bericht über die Europäische Union v. 29. 12. 75, Europa-Archiv Nr. 3/76, D 55 ff.

FRITHJOF KUNZ

Aufgaben im ideologischen Auseinandersetzungsprozeß zum Arbeitsrecht

In den fünfziger Jahren tat die herrschende Arbeitsrechtslehre der Bundesrepublik so, als wäre die Gründung der Deutschen Demokratischen Republik für sie nicht von Belang. Damals bemühten sich die Juristen und Politologen der BRD und auch anderer imperialistischer Staaten das Erstarken der sozialistischen Arbeitsverhältnisse in den volkseigenen Betrieben, den Kampf um den Sieg der sozialistischen Produktionsverhältnisse und den Ausbau des sozialistischen Arbeitsrechts der DDR totzuschweigen. Dagegen erfolgte die Herausbildung der neuen demokratischen Arbeitsrechtswissenschaft unserer jungen Republik, wie Vorlesungsprogramme und zahlreiche Publikationen jener Jahre beweisen, in bewußter Auseinandersetzung mit Theorie und Praxis des imperialistischen deutschen Arbeitsrechts.

Seit den sechziger Jahren ist in der Arbeitsrechtswissenschaft der BRD, in Kreisen der Politologen, Philosophen und Ökonomen, nicht zu reden von den professionellen „Ostkundlern", ein deutlicher Wandel eingetreten. Die sich verschärfende Krise des imperialistischen Systems einerseits und die jedermann sichtbaren politischen, wirtschaftlichen, sozialen und kulturellen Erfolge unserer Republik andererseits zwangen sie, diese Haltung aufzugeben. Auffällig nehmen die Publikationen zum Arbeitsrecht der DDR zu.[1] Ebenso wird – natürlich immer vom geistigen Boden des kapitalistischen Systems – an sogenannten rechtsvergleichenden Untersuchungen gearbeitet.[2]

Schließlich ist angesichts der Existenz einer riesigen industriellen Reservearmee und des um sich greifenden Gefühls sozialer Unsicherheit in allen kapitalistischen Industriestaaten in ihrem Innern die ideologische Auseinandersetzung um wichtige soziale Werte und ihre Verwirklichung im Arbeitsrecht wie z. B. von Freiheit, Gerechtigkeit, Gleichheit

---

1 Vgl. für viele:
S. Mampel, Arbeitsverfassung und Arbeitsrecht in Mitteldeutschland, Stuttgart, 1966, S. 567
K. Pleyer / E. Lieser-Triebning, Funktion und Entwicklung des Arbeitsrechts in der DDR, „Recht und Arbeit", 1971, S. 65;
K. Pleyer, Neuere Entwicklungen im Arbeits- und Sozialrecht der DDR, in: B. Gleitzke / P. C. Ludz / K. Merkel / K. Pleyer / K. C. Thalheim, Die DDR nach 25 Jahren / Wirtschaft und Gesellschaft in Mitteldeutschland, Bd. 10, Bln. (west) 1975, S. 103

2 Materialien zum Bericht der Bundesregierung zur Lage der Nation 1972, Sonderdruck, Hrg. vom BRD-Bundesministerium für innerdeutsche Beziehungen, Bonn 1972, Kap. IV Arbeitsrecht, S. 165 ff;
O. Kunze, Buchbesprechung zu: B. Rüthers, Arbeitsrecht und politisches System BRD: DDR, „Arbeit und Recht", 1973, S. 276 ff;
B. Rüthers, Arbeitsrecht und politisches System, Frankfurt/Main, 1973 und ohne Verfasserangabe, die beiden deutschen Staaten und das Recht auf Arbeit, Hrsg. von der Friedrich-Ebert-Stiftung, Bonn/Bad Godesberg, 1976

usw. entbrannt.[3] Damit werden Grundfragen der rechtlichen Gestaltung der Arbeitsverhältnisse im Sozialismus und Kapitalismus, der weiteren Ausprägung ihres gegensätzlichen Wesens, in den Brennpunkt des härter werdenden Kampfes auf ideologischem Gebiet gerückt. Für uns gilt dabei das Wort Erich Honeckers von der Notwendigkeit, „im politischen Kampf stets auf der Höhe zu sein, alle Menschen guten Willens von der Richtigkeit unserer Politik, der Zukunftsgewißheit unserer Sache zu überzeugen."[4]
Der Sozialismus ist eine Gesellschaftsordnung, in der hohe Leistungen der Werktätigen das Wachstum der Produktivkräfte bewirken und den sozialen Fortschritt ermöglichen. Das trifft voll auf die DDR zu. Hier hat der IX. Parteitag der SED das Ziel gestellt, weiterhin die entwickelte sozialistische Gesellschaft zu gestalten und auf diese Weise grundlegende Voraussetzungen für den allmählichen Übergang zum Kommunismus zu schaffen. Die im Programm der SED aufgeführten charakteristischen Merkmale der entwickelten sozialistischen Gesellschaft verkörpern wichtige Werte und alte Kampfziele der Arbeiterbewegung. Dazu gehören Gewährleistung des Wohles des Volkes, Verwirklichung des Prinzips „Jeder nach seinen Fähigkeiten, jedem nach seiner Leistung", kameradschaftliche Zusammenarbeit und gegenseitige Hilfe zwischen den Werktätigen und zwischen den Arbeitskollektiven, völlige Freiheit von Ausbeutung durch ungeteilte Herrschaft der sozialistischen Produktionsverhältnisse, Stärkung der Demokratie und Aktivität, Entfaltung der körperlichen und geistigen Fähigkeiten der Menschen, um nur einige besondere bedeutende zu nennen. Der planmäßige Ausbau der sozialistischen Rechtsordnung, darin eingeschlossen des Arbeitsrechts, entsprechend dem jeweiligen Reifegrad der Gesellschaft und die strikte Gewährleistung der Rechtssicherheit, sind fester Bestandteil der Politik, zur weiteren planmäßigen Gestaltung der entwickelten sozialistischen Gesellschaft.[5]
Auch in der BRD und den anderen imperialistischen Staaten haben die Produktivkräfte einen hohen Stand erreicht. Hier wirkt jedoch nach wie vor das von Marx formulierte absolute, allgemeine Gesetz der kapitalistischen Akkumulation: „Je größer der gesellschaftliche Reichtum, das funktionierende Kapital, Umfang und Energie seines Wachstums, also auch die absolute Größe des Proletariats und die Produktivkraft seiner Arbeit, desto größer die industrielle Reservearmee."[6]
Der von den Werktätigen erarbeitete Reichtum kehrt sich gegen sie selbst. Alles dies wird gegenwärtig noch durch die wissenschaftlich-technische Revolution verschärft. Alle

---

[3] Vgl. u. a.:
W. Däubler, Gesellschaftliche Interessen und Arbeitsrecht, Köln 1974;
G. Benz, Ohne Hoffnung in die achtziger Jahre? Das Recht der Jugend auf Arbeit und Bildung, „Frankfurter Hefte" / Zeitschrift für Kultur und Politik, 1976, H. 4, S. 51;
G. Walter, Das „Recht auf Arbeit" – kein Wahlschlager, „Die neue Gesellschaft", 1976, H. 2, S. 155;
P. Gilles, Die Analyse / Recht auf Arbeit führt in die Planwirtschaft, „Die Welt", vom 9. Sept. 1976, S. 3;
F. Hoffmann, Bosse gegen Recht auf Arbeit / Arbeitslosigkeit als persönliches Risiko, „Welt der Arbeit", vom 10. Sept. 1976;
H. Feld, Ethische Grundwerte im Staat . . ., „Stimmen der Zeit", 1976 a. H. 8 S. 561 sowie
R. Scharping, Grundwerte, wirtschaftliche Krisen und das Problem der Gleichheit, „Die neue Gesellschaft", a. a. O., H. 6, S. 448

[4] E. Honecker, Zu aktuellen Fragen unserer Innen- und Außenpolitik nach dem IX. Parteitag, Bln. 1976, S. 13

[5] Vgl. Programm der Sozialistischen Einheitspartei Deutschlands, Bln. 1976, S. 43

[6] Marx/Engels, Werke, Bd. 23, S. 673; vgl. dazu auch H. Wessel, Der „kleine Unterschied" zwischen frei und vogelfrei, „Neues Deutschland", vom 2./3. Oktober 1976, S. 10

Staaten mit kapitalistischem Wirtschaftssystems sind mit ihr zu einer Zeit konfrontiert, in der die seit der sozialistischen Oktoberrevolution schwelende allgemeine Krise des Kapitalismus auf ganz besondere Art mit der bisher schwersten Überproduktionskrise des Kapitalismus verbunden ist. In dieser Lage erweist sich der Imperialismus trotz seines staatsmonopolistischen Systems erneut als unfähig, die auch hier steigende Arbeitsproduktivität zum Wohle des Volkes zu nutzen.
Selbst jetzt, da Profite, Industrieproduktion und Bruttosozialprodukt das Tal der zyklischen Krise verlassen haben, ist die Arbeitslosigkeit dort zurückgeblieben. Es traten sogar eine Reihe neuer negativer Erscheinungen zu Tage: Während z. B. die Industrieproduktion im ersten Halbjahr 1976 im Durchschnitt fünf bis sieben Prozent anwuchs, blieb die Inflationsrate noch darüber, die Zahl der Arbeitslosen stieg und der Reallohn sank.
Angesichts dieser für den Imperialismus prekären Situation verschärft er seine Anschläge auf die Arbeits- und Lohnbedingungen der Arbeiter im eigenen Land. Er muß dabei aber, konfrontiert mit dem Vorbild der sozialen Geborgenheit in den sozialistischen Staaten, vorsichtig zu Werke gehen.
Deshalb verstärkt er gleichzeitig seine ideologischen Attacken auf den ethischen Gehalt unseres sozialistischen Arbeitsrechts und seine apologetischen Mühen zur Selbstlegitimation seines, das imperialistische System schützenden und stabilisierenden Arbeitsrechts.
Das bestätigt die Wirkung und den Erfolg der von unserer Republik verfolgten Politik und der von ihren wirtschaftlichen, sozialen, aber auch rechtlichen Errungenschaften ausgehenden wachsenden Attraktivität für die Arbeiterklasse in den kapitalistischen Staaten. Aus dieser Entwicklung erwachsen jedoch auch neue und höhere Anforderungen an die theoretische Arbeit auf dem Gebiete des Arbeitsrechts. Wie im folgenden noch einzuschätzen ist, können wir in der ideologischen Auseinandersetzung mit imperialistischen Rechtsauffassungen durchaus positive Leistungen verbuchen. Es ist jedoch nicht zu übersehen, daß die Mehrzahl der Arbeitsrechtler, vor allem der profilierten und erfahrensten Arbeitsrechtslehrer der Universitäten und Hochschulen in den letzten Jahren sich voll, zumindest fast ausschließlich auf das Studium des sozialistischen Arbeitsrechts der DDR und der sozialistischen Bruderländer, auf die immer effektivere Durchsetzung und den zukünftigen Ausbau unseres Arbeitsrechts konzentriert haben. Die Aufgabe, das Arbeitsrecht der BRD, zersplittert und unübersichtlich wie es ist, zu verfolgen und kritisch zu analysieren, ist zunehmend zu einem Anliegen weniger Spezialisten geworden. So ergibt sich der unbefriedigende Zustand, daß im imperialistischen Lager die Zahl der Stimmen und Arbeiten zunimmt, während bei uns die Last des Kampfes auf diesem Sektor unserer Gesamtarbeit sich mehr und mehr auf die Schultern einiger weniger verlagert. Mehrfach wurde bereits betont, warum die ideologische Auseinandersetzung fester Bestandteil unserer rechtstheoretischen Tätigkeit sein muß. Nur so ist es möglich, auch unser eigenes Arbeitsrecht wirksamer, vor allem noch bewußtseinsbildender durchzusetzen und zu vervollkommen. Die ideologische Auseinandersetzung ist von unschätzbarem Wert für die Festigung des Rechtsbewußtseins der Werktätigen, für die Propagierung der Vorzüge der sozialistischen Organisation der Arbeit und des Arbeitsrechts, für die Überzeugung von dem hohen ethischen Gehalt unserer Arbeitsrechtsordnung. In ihr werden alle noch so komplizierten Aufgaben der gesellschaftlichen Entwicklung in sozialer Geborgenheit und unter Achtung der Würde und Persönlichkeit der einzelnen Werktätigen von den Arbeits- und Betriebskollektiven, von Gesellschaft und Staat gelöst. Zugleich stimme ich allen denen zu, die darauf aufmerksam gemacht haben, daß die ideologische Auseinandersetzung hoher Sachkunde und fleißiger Tatsachenforschung und auch einer angemessenen und aussagekräftigen Sprache bedarf.

Sie darf nicht Einzelerscheinungen, sondern muß Gesetzmäßigkeiten und die in ihnen wirkenden typischen Widersprüche erfassen. Das erfordert eine exakte Analyse der Arbeitsrechtsentwicklung und des darauf gerichteten Klassenkampfes in den imperialistischen Staaten sowie das aufmerksame Studium der reaktionären und reformistischen Lehren und ihrer historischen Wurzeln. Eine derartige überzeugungskräftige theoretische Tätigkeit wird dazu beitragen, nicht nur im Bewußtsein unserer Werktätigen, sondern auch der in den kapitalistischen Staaten die Einsicht in die historische Überlegenheit des Sozialismus und seines Arbeitsrechts zu festigen. So ist die geistige Auseinandersetzung zwischen Sozialismus und Kapitalismus auf dem Gebiete des Arbeitsrechts sehr umfassend, und seine einzelnen Kampffelder stehen alle miteinander in Wechselbeziehung. In diesem Sinne verstanden, ergeben sich eine Reihe wichtiger Einzelaufgaben.

Eine erste, aber auch schwierigste ist es, die tatsächliche Lage im Klassenkampf auf diesem Gebiet zu erfassen. Dazu ist es unerläßlich, in die arbeitsrechtliche Praxis in den Betrieben, des Herr-im-Hause-Standpunkts der Monopole und Unternehmer, des Kampfes der Werktätigen, der Gewerkschaften und Betriebsräte um ihre Rechte, um die Linderung des Diktats der Lohn- und Arbeitsbedingungen einzudringen. Das ist unter anderem deshalb erschwert, weil der Kapitalismus seit seiner Herausbildung alles tut, um solche Einblicke zu verwehren. Jedoch kann niemals nur der mitunter schöne Wortlaut der Rechtsnormen, sondern muß immer die tägliche Praxis ihrer Anwendung in den Arbeitsverhältnisses der entscheidende Maßstab für die tatsächliche, ökonomische, soziale, politische und somit auch rechtliche Lage der Arbeiter sein. Hier geht es darum, verläßliche statistische Daten und aussagefähige Einschätzungen der Gewerkschaften zu erschließen. Besonders wertvoll sind verallgemeinernde Analysen und programmatische Forderungen der kommunistischen Parteien dieser Länder. Die tatsächliche Lage im Betrieb ist nicht nur für die Einschätzung der Rolle des Arbeitsrechts wichtig. Das erkennen auch progressive Arbeitsrechtler im Kapitalismus: „Der geregelte Lebensbereich ‚Arbeit‘ ist für den einzelnen von zentraler Bedeutung. Noch immer verbringt fast jeder die Hälfte seines aktiven Daseins am Arbeitsplatz. Dort entscheidet sich, ob er eigene schöpferische Initiativen, ob er seine Persönlichkeit entfalten kann oder ob er zeitlebens ein ‚Rädchen‘ in einer fremdgesteuerten Apparatur bleibt. Was in diesem Bereich geschieht, wirkt weit in die sogenannte Freizeit hinein. Lebensstandard und Sozialprestige bestimmen sich in der Regel nach der Stellung im Betrieb; wer dort nichts gilt, wird es meist auch in der ‚Freizeitgesellschaft‘ schwer haben. Das Arbeitsrecht ist unter diesen Umständen nicht ‚irgendeine‘, sondern die den zentralen Bereich menschlicher Existenz regelnde Rechtsmaterie.“[7]

Eine zweite Aufgabe ist es, die Gesetzgebung zu verfolgen. Hier wurden, zumindest hinsichtlich der Bundesrepublik Erfolge erzielt. So veröffentlichte M. Premßler 1975 sein umfassendes Buch über Arbeitsrechte in der BRD.[8] Mit ihm schloß er eine Lücke in der arbeitsrechtlichen Literatur und informierte über wesentliche Seiten des Klassenkampfes auf diesem Gebiet. Zugleich leistete er damit einen wichtigen Beitrag zur Auseinandersetzung mit der bürgerlichen Rechtsideologie.

Über die Lage in den anderen kapitalistischen Ländern und die Funktion des Arbeits-

[7] W. Däubler, Das Arbeitsrecht / Von der Kinderarbeit zur Betriebsverfassung, Ein Leitfaden für Arbeitnehmer, Hamburg 1976, S. 19

[8] M. Premßler, Arbeitsrechte in der BRD/Sozialdemagogie und Wirklichkeit, Bln. 1975, Das Buch wurde besprochen von F. Kunz und St. Hultsch in „Staat und Recht“, 1976, H. 4, S. 436 und J. Dötsch in „Neue Justiz“, 1976, H. 18, S. 567;

rechts unter den Bedingungen des sich verschärfenden Klassenkampfes gibt M. W. Baglai im 1974 übersetzt herausgegebenen Lehrbuch „Sowjetisches Arbeitsrecht" eine kurze Charakteristik.[9] In den letzten drei Jahren veröffentlichen die Fachzeitschriften der DDR Beiträge zur Handhabung des Berufsverbots, zur Stellung der Arbeitsgerichtsbarkeit, zum Kündigungs- und Entlassungsrecht, zur Einschränkung von Gewerkschaftsrechten, zu Entwicklungstendenzen des Lohn- und Tarifrechts sowie der Tarifverträge im staatsmonopolistischen Kapitalismus, zum neuen 1972er Betriebsverfassungsgesetz, zur Rolle des sozialpolitischen Bereichs im Herrschaftsmechanismus des Staatsmonopolismus, zu verschiedenen Mitbestimmungsmodellen und zum 1976er Mitbestimmungsgesetz sowie zu Projekten zur sog. Harmonisierung des Arbeits- und Sozialrechts in der EWG. Buchbesprechungen behandelten auch Probleme der gegenwärtigen ideologischen Strömungen in der Arbeitsrechtslehre der BRD. Die meisten dieser Beiträge geben einen guten Überblick über die Entwicklung des Arbeitsrechts der BRD und die dafür maßgeblichen Ursachen. Aufschlußreich sind besonders auch die Aufsätze, die kürzlich die Versuche zur internationalen Harmonisierung des Arbeitsrechts entsprechend der fortschreitenden ökonomischen Integration im westeuropäischen Imperialismus kritisch unter die Lupe nehmen, und die daraus den Werktätigen, insbesondere den Gewerkschaften drohenden Gefahren aufzudecken. Die Tatsache, daß bisher nur ein kleiner Teil der Arbeitsrechtswissenschaftler sich an die ideologische Auseinandersetzung beteiligt hat, kann jedoch nicht befriedigen. Insbesondere kommt es zukünftig darauf an, daß die erfahrensten Theoretiker auf unserem Gebiet ihre großen Kenntnisse in den Dienst wirksamer geistiger Auseinandersetzung stellen.

Eine dritte Aufgabe erwächst aus der Rolle der Arbeitsrechtsprechung, sie nimmt in der BRD, aber auch in anderen imperialistischen Staaten einen besonderen Platz ein. Hier nimmt die Gerichtsbarkeit nicht nur die ihr zukommenden Funktionen wahr, in arbeitsrechtlichen Streitigkeiten, gestützt auf das Gesetz, Recht zu sprechen. Vielmehr setzt sie unter Ausschaltung des Parlaments selbst sog. Richterrecht. So schreibt der in BRD führende Arbeitsrechtswissenschaftler B. Rüthers z. B., nachdem er darauf verwiesen hat, daß es in der Bundesrepublik kein einheitliches Arbeitsgesetzbuch gibt: „Im übrigen lebt das Arbeitsrecht der Bundesrepublik in einer Art ‚Loseblattexistenz', nämlich in Einzelgesetzen, Leitentscheidungen der Arbeitsgerichtsbarkeit und in normativen Vereinbarungen der Kollektivvertragsparteien. . . . Da jedoch diese nicht für alle regelungsbedürftigen Fragen Bestimmungen treffen, muß sich die Rechtsprechung ihr Leitbild weitgehend selbst schaffen. Weitere Teile des Arbeitsrechts, wie z. B. fast das gesamte Arbeitskampfrecht, beruhen auf richterlichen Regelungen, die vornehmlich durch das Bundesarbeitsgericht getroffen werden."[10] Das Bundesarbeitsgericht seinerseits betont die freie Stellung des Richters gegenüber dem Gesetzeswortlaut, bejaht die Rechtsergänzung bis hin zur Rechtsfortbildung sogar zur „abändernden Rechtsfindung".[11] Die tragende Idee ist die Stabilisierung des imperialistischen Systems. Premßler hat zutreffend auf die Ungesetzlichkeit dieses sogenannten Richterrechts auch nach der Rechtsordnung der BRD und ihre besondere Funktion im Klassenkampf hingewiesen.[12] Wer sich mit deren Entwicklung und Durchsetzung des Arbeitsrechts der Bundesrepublik beschäftigt, muß also nicht nur die Rechtssetzung des Bundestages und der Bundes-

[9] M. W. Baglai, Allgemeine Charakteristik des Arbeitsrechts der kapitalistischen Staaten, in: Autorenkollektiv unter der Red. von W. S. Andrejew, Sowjetisches Arbeitsrecht, Bln. 1974, S. 399 ff.

[10] B. Rüthers, Arbeitsrecht und politisches System, a. a. O., S. 40;

[11] Vgl. BAGE (-Amtliche Sammlung der Entscheidungen des Bundesarbeitsgerichts) Bd. 1, S. 279 ff.; Bd. 3, S. 161 und Bd. 13, S. 14

[12] Vgl. M. Premßler, Arbeitsrechte in der BRD, a. a. O., S. 125 ff.

regierung, sondern ebenso aufmerksam die Rechtsprechung verfolgen. Er wird hier sehr viel Stoff zur Brüchigkeit der Gesetzlichkeit des BRD-Arbeitsrechts finden und zur Auseinandersetzung mit arbeiterfeindlichen juristischen Theorien sehr lebhaft angeregt werden.

Für denjenigen, der nicht professionell mit den verschiedenen Strömungen der bundesrepublikanischen Arbeitsrechtswissenschaft zu tun hat, ist es außerordentlich schwer, sich in der in jüngster Zeit aufkommenden Vielzahl von Theorien zurechtzufinden. Natürlich darf man die Gefährlichkeit der seinerzeit von Nikisch konzipierten bzw. rezipierten Lehre, das Arbeitsrechtsverhältnis sei ein personenrechtliches Gemeinschaftsverhältnis, nicht außer acht lassen. Sie kann letztlich zur Begründung des Raubes der Verfügungsgewalt des Arbeiters über seine eigene Ware Arbeitskraft benutzt werden.[13] Jedoch muß dem Aufmerksamkeit gewidmet werden, daß sich die jüngeren Wissenschaftler seit der zweiten Hälfte der sechziger Jahre bemühen, mit neuen Theorien auf die veränderte Lage in der Welt im allgemeinen und in der BRD im besonderen zu reagieren. Charakteristisch für die Arbeitsrechtswissenschaft in der BRD nach 1945 war, daß sie im wesentlichen durch die gleichen Leute wie zur Nazizeit betrieben wurde: „Ein bedeutsamer Umstand für die Entwicklung des Arbeitsrechts in Deutschland war die Vertreibung und Ausschaltung aller nicht anpassungswilligen Hochschullehrer nach 1933. Der ‚linke' Flügel des deutschen Arbeitsrechts mit international angesehenen Gelehrten wie Fraenkel, Kahn-Freund, Sinzheimer u. a. ist so beseitigt worden. Das hat die Dogmatik wie auch die ausgewogene Personalstruktur der deutschen Arbeitsrechtswissenschaft verarmen lassen und zeitweilig einseitig auf eine Anpassung an die Forderungen des totalitären Regimes verpflichtet. Gerade der vermeintlich unpolitische Vollzug des Arbeitsrechts in der NS-Zeit hat bis heute unselige dogmatische Traditionen behütet."[14] Seinerzeit war das bis in die sechziger Jahre hinein wohl von der herrschenden Klasse als Vorzug betrachtet worden. Nunmehr erwies es sich aber als hinderlich für die Verteidigung vor der geistigen Herausforderung des realen Sozialismus.

In dieser Situation versuchten mit unterschiedlicher und z. T. gegensätzlicher Motivierung Th. Ramm und andere Theoretiker, neue der gesellschaftlichen Entwicklung angepaßte Wege zu gehen. W. Herschel schrieb über das Arbeitsrecht in der Wohlstandsgesellschaft, W. Zöllner über Arbeitsrecht und Politik, B. Rüthers über Arbeitsrecht und politisches System und W. Däubler das lesenswerte Büchlein über gesellschaftliche Interessen und Arbeitsrecht. Die neuen Töne, die angeschlagen werden, unterscheiden sich im einzelnen erheblich. Das Spektrum reicht von extrem rechts bis links. Die von W. Däubler der traditionellen BRD-Arbeitsrechtswissenschaft angekreideten Mängel lassen sich, wenn auch abgeschwächt, noch mehr oder weniger kombiniert bei allen Strömungen erkennen. Er registrierte als spezifische Defizite der herkömmlichen Arbeitsrechtslehre die Ausklammerung der Empirie, die Betonung der zivilrechtlichen Herkunft und Elemente, die Simplifizierung historischer Vorgänge und vor allem die Neutralitätsfiktion.[15] Insgesamt sind diese Lehren jedoch darauf gerichtet, den status quo, d. h. das staatsmonopolistische System zu stabilisieren und ihn mit der Losung des „Jedem das Seine" zu drapieren. So unübersichtlich und verschieden sie auch sind, eine wirksame geistige Auseinandersetzung verlangt, sie zu verfolgen, neue und ernst

[13] Vgl. dazu: M. Premßler, Arbeitsrechte in der BRD, a. a. O., S. 170 und F. Kunz, Die Lehre von Karl Marx über den Charakter der Arbeit und ihre aktuelle Bedeutung für die Arbeitsrechtsentwicklung in beiden deutschen Staaten, in: Karl Marx – Begründer der Staats- und Rechtstheorie der Arbeiterklasse, Bln. 1968, S. 203 ff., insbesondere S. 206 ff.

[14] B. Rüthers, Arbeitsrecht und politisches System a. a. O., S. 47

[15] Vgl. W. Däubler, Gesellschaftliche Interessen und Arbeitsrecht, Köln 1974, S. 10 ff.

zu nehmende Spielarten rechtzeitig zu entdecken, zu analysieren und sofern sie für die Arbeiterklasse gefährlich sind, zu bekämpfen. Hier liegt noch ein weites Feld ideologischer Auseinandersetzung brach.
Das hilft auch, um eine letzte, aber vielleicht wichtige Teilaufgabe zu stellen, unsere Position noch überzeugender zu propagieren, die wir bei der Verwirklichung der sozialen Grundwerte der Arbeiterbewegung im täglichen Leben erkämpft und ausgebaut haben. Diese Werte haben anschaulich in unserer Verfassung und in unserem Arbeitsrecht ihren allgemein verbindlichen Ausdruck gefunden. Sie beweisen, daß in unserer Gesellschaft die Achtung der Würde des Menschen das höchste Gebot ist: „Hier sind die Menschenrechte verwirklicht, ist das Recht auf Arbeit, auf Bildung und Erholung voll und ganz garantiert. Arbeitslosigkeit, junge Menschen ohne Berufsausbildung und eine gesicherte Lebenschance, Berufsverbote für Menschen, die fortschrittlich denken und handeln – das alles stammt aus einer uns zutiefst fremden Welt. Solche Zustände werden von den im Sozialismus lebenden Bürgern der Deutschen Demokratischen Republik als entwürdigend betrachtet und sind eine Verletzung der in der UNO-Charta festgelegten Menschenrechte. Die Verwirklichung der Menschenrechte in der Deutschen Demokratischen Republik hat ihre Wurzeln in den Besitz- und Machtverhältnissen unserer sozialistischen Gesellschaft.[16]
So ist es letztlich auch auf dem Gebiete des Arbeitsrechts die Einheit von gesellschaftlicher Realität und Recht, die unsere Überlegenheit in der geistigen Auseinandersetzung, im ideologischen Kampf garantiert. Schwerpunkt der theoretischen Arbeit der nächsten Zeit wird es sein, gestützt auf die in der DDR erreichte grundlegende Übereinstimmung von gesellschaftlichen Arbeits- und Machtverhältnissen, Verfassungs- und Gesetzeswortlaut sowie marxistischer Arbeitsrechtstheorien die Überlegenheit bei der Verwirklichtung der entscheidenden sozialen Werte der grundlegenden Menschenrechte auf dem Gebiet der Arbeit wie des Rechts auf Arbeit, auf Bildung, auf Mitbestimmung und -gestaltung überzeugend herauszuarbeiten und die Zukunftsträchtigkeit der sozialistischen Politik und ihres arbeitsrechtlichen Ausdrucks auch für die Werktätigen der kapitalistischen Länder mit hoher Überzeugungskraft darzulegen.

---

[16] E. Honecker, Zu aktuellen Fragen unserer Innen- und Außenpolitik nach dem IX. Parteitag, Bln. 1976, S. 14

HANS POGODDA
HELENA MÜNNICHOWA

Probleme der politisch-ideologischen Auseinandersetzung auf dem Gebiet des wissenschaftlich-technischen Rechtsschutzes

Für die Durchsetzung der Politik der friedlichen Koexistenz zwischen Staaten unterschiedlicher Gesellschaftsordnung ist die weltweite internationale wissenschaftlich-technische Zusammenarbeit, die von der gegenseitigen Achtung der Souveränität der beteiligten Staaten getragen ist und ihrem beiderseitigen Vorteil dient, von großer Bedeutung. Sie ist daher zu recht oft als ein wesentlicher Bestandteil der materiellen Basis der Politik der friedlichen Koexistenz bezeichnet worden. Zugleich wurde aber auch immer wieder mit Nachdruck darauf hingewiesen, daß die Politik der friedlichen Koexistenz als Gestaltung der Beziehungen zwischen Staaten unterschiedlicher Gesellschaftsordnung die ideologische Auseinandersetzung zwischen Sozialismus und Kapitalismus nicht etwa schwächt, sondern eher verstärkt. Die Förderung der internationalen wissenschaftlich-technischen Zusammenarbeit durch die sozialistischen Staaten mit dem kapitalistischen Wirtschaftssystem erfordert daher gleichzeitig die hierbei auftretenden ideologischen Gegensätze zu erkennen und die notwendige Auseinandersetzung zu führen. Das gilt auch bezüglich der staatlichen Mittel, die zur Gestaltung der internationalen wissenschaftlich-technischen Zusammenarbeit zwischen sozialistischen und kapitalistischen Staaten angewandt werden, wie das bei rechtlichen Regelungen der Fall ist. Hinzu kommt, daß bei jeder Art internationaler Zusammenarbeit sowohl die jeweiligen nationalen rechtlichen Regelungen der beteiligten Staaten wie auch Regelungen der zwischen ihnen abgeschlossenen internationalen Abkommen zur Anwendung kommen. Das betrifft in der internationalen wissenschaftlich-technischen Zusammenarbeit zwischen sozialistischen und kapitalistischen Staaten besonders den Rechtsschutz wissenschaftlich-technischer Ergebnisse. Hier gilt es deutlich zu machen, daß diese Regelungen nicht etwa außerhalb jedweder politischer Zielstellung der klassenneutralen technologischen Abwicklung der zwischen den Staaten entstehenden Rechtsschutzfragen dienen, sondern sie sind die Kanalisierung von Klasseninteressen, die ihrerseits von den antagonistischen Widersprüchen unserer historischen Epoche geprägt sind, die in dem weltweiten Übergang der Menschheit vom Kapitalismus zum Sozialismus besteht. Die internationalen Rechtsschutzinteressen der Staaten sind Bestandteil ihrer politischen Interessen.

Der Kampf der antagonistischen sozialen Kräfte unserer Epoche und die sich in seinem Ergebnis vollziehende Veränderung des Weltkräfteverhältnisses zugunsten des Sozialismus führt zu einer ständigen Verschärfung der ideologischen Auseinandersetzung zwischen Sozialismus und Kapitalismus. Im Rechenschaftsbericht des ZK der KPdSU an den XXV. Parteitag heißt es dazu: „Wir leben in einer Epoche grundlegender sozialer Wandlungen. Nach wie vor erstarken und erweitern sich die Positionen des Sozialismus. Die Siege der nationalen Befreiungsbewegung eröffnen den Ländern, die ihre Unabhängigkeit erkämpft haben, neue Horizonte. Der Klassenkampf der Werktätigen wird immer stärker. Die revolutionäre, demokratische, antiimperialistische Bewegung

nimmt immer größere Ausmaße an. All das bedeutet in seiner Gesamtheit ein Fortschreiten des revolutionären Weltprozesses".[1]
Die Ausbreitung und Vertiefung des revolutionären Weltprozesses und die sich dadurch vollziehende Festigung der antiimperialistischen Einheit der revolutionären Kräfte in der Welt, die in dem Bruderbund der sozialistischen Staaten, als dem Kern der antiimperialistischen Weltbewegung, in der antiimperialistischen Befreiungsbewegung in den Entwicklungsländern und in den noch kolonial unterdrückten Ländern und in der revolutionären Arbeiterbewegung und der um sie gescharten demokratischen Kräfte in den kapitalistischen Staaten besteht, führt zugleich zu einer ständigen weiteren Verschärfung der allgemeinen Krise des Kapitalismus. Das zeigt sich innerhalb des kapitalistischen Herrschaftssystems vor allem im Niedergang der bürgerlichen Demokratie, in der wachsenden wirtschaftlichen Labilität, in der zunehmenden Rechtsunsicherheit usw., aber auch in der Tatsache, daß der Kapitalismus im Zuge der von den sozialistischen Staaten unter Führung der Sowjetunion betriebenen Entspannungspolitik zunehmend gezwungen wird, seine imperialistischen, räuberischen Methoden in den internationalen Beziehungen aufzugeben. Gleichzeitig versucht sich der Kapitalismus dieser ihm neuen und komplizierten Lage anzupassen, indem er vor allem auf ideologischem Gebiet in rascher Folge neue demagogische Mittel einsetzt, im Lager des Sozialismus und Weltfriedens Verwirrung zu stiften sucht und in geeigneten Augenblicken dann auch zu brutaler Gewaltanwendung greift. Das stellt die sozialistischen Staaten vor neue ideologische Aufgaben. K. Hager betonte dazu, als die Parteien der Staaten der sozialistischen Gemeinschaft 1973/1974 auf das notwendige Anwachsen der ideologischen Auseinandersetzung zwischen Sozialismus und Kapitalismus verstärkt hinzuweisen begannen und die gesellschaftlichen Kräfte für den bevorstehenden ideologischen Kampf formierten: „Die Rolle des ideologischen Kampfes in der internationalen Arena wächst ständig an und die Schärfe der ideologischen Auseinandersetzung nahm zu."[2]
Die Bourgeoisie ist über die innen- und außenpolitischen Erfolge des Sozialismus, der Bewegung der demokratischen Kräfte in der Welt und über die sich verschärfende Krise im eigenen Herrschaftsbereich äußerst beunruhigt. Die Anziehungskraft des realen Sozialismus auf die Werktätigen in den nichtsozialistischen Ländern wird stärker. Das treibt die imperialistische Bourgeoisie und ihre Ideologen zu immer raffinierteren und heftigeren antikommunistischen Aktionen, die in ihren rechtlichen Doktrinen eine besondere Ausprägung erfahren. Die Verantwortung der sozialistischen Staaten, ideologische Widersprüche zwischen Sozialismus und Kapitalismus auch in der Sphäre des Rechts auszutragen, ist deshalb groß. Verkörpert sich doch im sozialistischen wie im kapitalistischen Rechtssystem jener politische Wille der herrschenden Klassen, den sie mit Hilfe ihres staatlichen Machtapparates auch nötigenfalls zwangsweise durchzusetzen gedenkt. In dieser Hinsicht unterscheidet sich jedoch das sozialistische Recht vom kapitalistischen Recht zugleich wesentlich. Während das kapitalistische Recht den Ausbeutungsinteressen der Bourgeoisie dient und gegen die Werktätigen gewendet sowie in den internationalen Beziehungen auf die Rückgängigmachung des Sozialismus in der Welt gerichtet ist, reflektiert das sozialistische Recht die Interessen der Arbeiterklasse und der mit ihr verbündeten Klassen und Schichten, dient es in den internationalen Beziehungen der Förderung des gesellschaftlichen Fortschritts unserer Epoche. Die Funktion des sozia-

---

[1] Rechenschaftsbericht des ZK der KPdSU an den XXV. Parteitag, Berichterstatter: L. I. Breshnew, Bln. 1976, S. 34 ff.

[2] K. Hager, „Der Sozialismus – Macht des Friedens und der Menschheit", Neues Deutschland vom 19. 10. 74, S. 3

listischen Rechts besteht deshalb darin, die Werktätigen in den sozialistischen Ländern zur Lösung der wesentlichen politischen Aufgaben bei der Gestaltung ihrer eigenen materiellen und geistigen Lebensbedingungen zu formieren und sie auf diese Weise gleichzeitig in den Kampf um die weitere Veränderung des Weltkräfteverhältnisses zugunsten des Sozialismus zu führen. Die Einhaltung und Durchsetzung der sozialistischen Gesetzlichkeit wird so zu einem zentralen ideologischen Faktor, der in den internationalen Beziehungen zum kapitalistischen Gesellschaftssystem die Befähigung der Werktätigen der sozialistischen Länder einschließt, die durch das kapitalistische Recht lancierten Klasseninteressen der Bourgeoisie zu erkennen und abzuwehren. Der Beschluß des Politbüros der SED vom 7. Mai 1974 zu Fragen der ideologischen Arbeit mit dem sozialistischen Recht hat die Komplexität dieser politisch-ideologischen Aufgaben nachdrücklich unterstrichen und die Forderung erhoben, die historischen Errungenschaften der sozialistischen Rechtsordnung und die Einhaltung der sozialistischen Gesetzlichkeit deutlicher in die ideologische Arbeit einzubeziehen. Werden auf diesem wichtigen Gebiet allerdings nur unzureichende Anstrengungen unternommen, gilt auch hierfür die Erfahrung, daß der Klassengegner immer dort ist, wo wir selbst nicht wirken. Durch das jahrhundertelange Bekanntsein bestimmter, von der Bourgeoisie praktizierter Rechtsprinzipien, haben sie für sich noch oft den Anschein unverrückbarer Wahrheiten, sofern es uns nicht gelingt, ihnen neue sozialistische Rechtsprinzipien, neue Wahrheiten entgegenzuhalten.

Das gilt in den Beziehungen der internationalen wissenschaftlich-technischen Zusammenarbeit zwischen sozialistischen und kapitalistischen Staaten sicherlich in einem besonderen Maße für die Regelungen des Rechtsschutzes wissenschaftlich-technischer Ergebnisse. Es sind vor allem drei Faktoren, die hier wirken. Zunächst sind auch auf diesem juristischen Gebiet die bourgeoisen Rechtsgrundsätze sehr alt. Das erste Patentgesetz der Welt datiert aus dem Jahre 1474, wurde von der Republik Venedig erlassen und hat nachweislich die nachfolgenden Rechtsschutzregelungen der gesamten kapitalistischen Welt beeinflußt. Weiterhin hat es sich die Bourgeoisie gerade auf dem Gebiet des Rechtsschutzes wissenschaftlich-technischer Ergebnisse unter Zuhilfenahme eines großen ideologischen Apparates nicht nehmen lassen, ihren wahren klassenmäßigen Profitinteressen zu verschleiern und für Interessen um den Fortschritt der Produktivkräfte auszugeben, was ihnen eine gewissen klassenneutrale Gloriole verlieh. Schließlich existieren für den Rechtsschutz wissenschaftlich-technischer Ergebnisse internationale Abkommen, namentlich die Pariser Verbandsübereinkunft (PVÜ) und ihre Sonderabkommen, mit deren Hilfe die Bourgeoisie dem Rechtsschutz wissenschaftlich-technischer Ergebnisse ein *überstaatliches* Gepränge zu verleihen suchte, was sich für sie als besonders zweckmäßig erwies, als diesen internationalen Abkommen nach dem zweiten Weltkrieg auch sozialistische Staaten angehören, die eine von den kapitalistischen Ländern offensichtlich unterschiedene Rechtsschutzpolitik betreiben.

Diese Faktoren eignen sich für die bürgerlichen Ideologen ganz besonders, die scheinbare Vielfalt ihrer ideologischen Mittel gegen die Entwicklung des revolutionären Weltprozesses in Anwendung zu bringen. Deren Gesamtheit läßt es heute dringend geboten sein, daß wir uns bei einer im Interesse der Politik der friedlichen Koexistenz liegenden Verstärkung der internationalen wissenschaftlich-technischen Zusammenarbeit mit der bürgerlichen Ideologie auf dem Gebiet des Rechtsschutzes wissenschaftlich-technischer Ergebnisse auseinandersetzen. Dabei begegnet uns zunächst augenfällig der Pluralismus der bürgerlichen Rechtsdoktrin überhaupt, der seinerseits dem gesellschaftstheoretischen Konzept der Bourgeoisie entspricht. Einer seiner bekannten Verfechter, der Philosoph Karl R. Popper, stellt dazu 1959 fest: „Ich kenne viele und gute Menschen, die es als eine Schwäche des Westens ansehen, daß wir ... keine tragende, einheitliche Idee, keinen einheitlichen Glauben haben ... Diese weitverbreitete Ansicht ist durchaus verständlich. Aber ich halte sie für grundfalsch ... Nein, es ist nicht die Einheit der Idee, es ist die Vielfalt der Ideen, der Pluralismus, auf den wir im Westen stolz sein sollten."[3]

Der Pluralismus als Erscheinungsform der bürgerlichen Weltanschauung ist in seiner scheinbaren und demagogischen Vielfalt besonders geeignet, die bürgerliche Weltanschauung in die werktätigen Klassen und Schichten zu tragen und in der internationalen Auseinandersetzung mit der sozialistischen Ideologie mit dem falschen Schein des „Undogmatischen" zu versehen.

Die wissenschaftliche Methode, die dem weltanschaulichen Prinzip des Pluralismus entspricht, ist der Eklektizismus, von dem bereits Lenin sagte, daß er die von der Objektivität der Welt abgewandte *subjektivistische* Elastizität des Denkens ist.[4] Diese prinzipienlose Elastizität ist das hervorstechende ideologische Merkmal der Verfechter des bürgerlichen gewerblichen Rechtsschutzes. In bunter Mischung finden sich in ein- und derselben Meinungsäußerung die verschiedensten Mosaiksteine bürgerlicher gesellschaftstheoretischer Konzeptionen: Konvergenztheorie, Technokratismus, demokratischer Sozialismus, Anthropologismus und ökologischer Humanismus, ja, teilweise Zugeständnisse an den Anarchismus. Rechtstheoretisch dominieren der Rechtspositivismus, die Naturrechtsdoktrin und die psychologische Rechtsschule. Wohlvermischt mit aktualistischen Fragestellungen soll der Eindruck seriöser Überlegung erweckt werden, um sich bei näherem Hinsehen als der herauszustellen, was es ist: Ein Versuch, den gesellschaftlichen Fortschritt in der Welt auch weiterhin mit den Interessen der Bourgeoisie zu verstricken.

Eine nicht unwesentliche Rolle für die Entwicklung imperialistischer Doktrinen auf dem Gebiet des Rechtsschutzes wissenschaftlich-technischer Ergebnisse spielt das Max-Planck-Institut für ausländisches und internationales Patent-, Urheber- und Wettbewerbsrecht in der BRD. Die hier verfochtene Grundposition besteht darin, daß das Problem der Gestaltung der internationalen Beziehungen auf dem Gebiet des Rechtsschutzes wissenschaftlich-technischer Ergebnisse wie folgt charakterisiert wird:

a) Es könne nur mit den rechtlichen Mitteln der kapitalistischen Gesellschaftsordnung gelöst werden, die im Wesen als unveränderbar angegeben werden (Rechtspositivismus).
b) Es liegen dem Patentsystem der bürgerlichen Gesellschaft nicht Klassenwidersprüche und politische Interessen der Bourgeoisie zugrunde, sondern wertneutrale, d. h. klassenneutrale Erfordernisse des sogenannten technischen, wirtschaftlichen und sozialen Fortschritts, mit einer Dominanz der technischen Faktoren, denen die juristischen Mittel angepaßt werden sollen (hier wird die Technokratiekonzeption verfochten).
c) Überall in der Welt sind in Ansehung des sogenannten wertneutralen technischen, wirtschaftlichen und sozialen Fortschritts die Patentgesetze gleichen Anforderungen zu unterwerfen (es wird die Konvergenztheorie lanciert).
d) Der wissenschaftlich-technische Fortschritt sei insofern problematisch geworden, als ein unbegrenztes Wachstum zu wirtschaftlichen und sozialen Schäden führe und deshalb Erfindungsanmeldungen mit einem besonderen wirtschaftlichen und sozialen

[3] K. R. Popper, „Woran glaubt der Westen?" in: Erziehung und Freiheit, Geleitwort von Hilbert Hunnold, Erlenbach-Zürich/Stuttgart 1959, S. 245, 248

[4] vergl. W. I. Lenin, Konspekt zu Hegels „Wissenschaft der Logik", Werke, Bd. 38, Bln. 1964, S. 100

Gehalt einer Vorzugsbehandlung durch den bürgerlichen Staat unterliegen müßte (Nullwachstumsdoktrin).

e) Das Patentsystem habe seine Schutzfunktion verloren und diene besonders international nur noch der internationalen Information ungeachtet der diametralen sozialen Interessen der Staaten unterschiedlicher Gesellschaftsordnung (Konvergenztheorie).[5,6]

Für diese Position ist charakteristisch, daß im einzelnen unausgearbeitet und eklektisch aus der politischen Zwecksetzung heraus die unterschiedlichen bürgerlichen Strömungen zur Gesellschaftskonzeption und Rechtstheorie formell verbunden und Tatsachen unterdrückt werden und auf diese Weise eine euphorische Grundstimmung für das bürgerliche Patentsystem zu erzeugen versucht wird. Von seiner ideologischen Zielstellung ist ein solcher Ansatz der Problemlösung unmittelbar und feindlich gegen die drei revolutionären Hauptströmungen unserer Epoche gerichtet. Er soll der Paralysierung der schöpferischen Kraft der sozialistischen Länder dienen. Er versucht einen Keil zwischen die Entwicklungsländer und die sozialistischen Staaten zu treiben, wozu vor allem der konvergenztheoretische Grundton dient. Zugleich versucht er aber auch, den antiimperialistischen Kampf der Entwicklungsländer dadurch zu erlahmen, indem er ihnen ein klassenneutral kaschiertes bürgerliches Patentsystem schmackhaft zu machen sucht. Er richtet sich gegen die Werktätigen im eigenen Lande. Ihren revolutionären Kräften soll weisgemacht werden, daß das bürgerliche Patentsystem nicht nur von den Krisenerscheinungen des Kapitalismus unabhängig ist, sondern zugleich auch die Möglichkeit schafft, parasitäre Auswirkungen des Kapitalismus zu beseitigen. Darüber hinaus werden die Krisenprobleme des Kapitalismus unter der Hand globalisiert und damit die sozialistischen Staaten und die Entwicklungsländer denunziert, daß sie gewissermaßen mit dem Kapitalismus in einem Boot sitzen, so daß von dieser Seite für die Lösung der sozialen Probleme des Kapitalismus keine Hilfe zu erwarten sei.

Diese Grundkonzeption wird dann in mehrfacher Hinsicht spezifiziert. Es gibt eine Anwendungsvariante für die Entwicklungsländer und eine Anwendungsvariante für die sozialistischen Staaten. Was die Anwendungsvariante für die Entwicklungsländer betrifft, werden drei Dinge gewissermaßen axiomatisch unterstellt:

- Nicht der Kapitalismus ist Ursache seiner Krise, sondern andere, z. B. die Entwicklungsländer;
- das kapitalistische Patentsystem ist keinen Klasseninteressen unterworfen, sondern ist ohne Ansehung der politischen Beziehungen für jedwede Art wissenschaftlich-technischer Zusammenarbeit geeignet;
- die Souveränität der Staaten ist ein Hindernis für den Patentschutz.

Alle drei Axiome gehen allerdings zugleich auch weit über die Bewertung der internationalen Zusammenarbeit mit den Entwicklungsländern hinaus. Sie dienen gleichermaßen der ideologischen Infiltration gegenüber den eigenen Werktätigen wie gegenüber den sozialistischen Staaten. Die Unzulänglichkeiten des Kapitalismus zu globalisieren ist eine beliebte Methode bürgerlicher Ideologen geworden, um die Massen von den immer sichtbarer werdenden Gebrechen des Kapitalismus abzulenken.[7]

---

5 F. K. Beier, GRUR (Int.) Mai 1972, S. 214 ff.

6 F. K. Beier, „Die herkömmliche Konzeption des Erfinderrechts", GRUR, (Int. Teil) 1970, S. 1 und A. Krontz, Patentbeschreibung als Träger technischer Information, Mitteilungsblatt (west)-deutscher Patentanwälte, 1975, H. 2, S. 23

7 H. P. Kunz Hallstein „Patentschutz, Technologietransfer und Entwicklungsländer – eine Bestandsaufnahme, GRUR (Int.) 1975, H. 8, S. 261

Diese Anwendungsvariante der imperialistischen Grundkonzeption des internationalen Rechtsschutzes wissenschaftlich-technischer Ergebnisse wird zugleich mit der direkten Drohung an die Entwicklungsländer verbunden, jedwede wissenschaftlich-technischen Beziehungen zwischen ihnen und den kapitalistischen Staaten zu unterbrechen, wenn die Entwicklungsländer versuchen sollten, vom kapitalistischen Patentsystem abzuweichen und sich der wirtschaftlichen Ausplünderung durch die Monopole zu entziehen.[8]
Die zweite Anwendungsvariante der imperialistischen Grundkonzeption zum internationalen Rechtsschutz wissenschaftlich-technischer Ergebnisse ist an die Adresse der sozialistischen Länder gerichtet, indem ihnen freundliche Hinweise erteilt werden, wie sie ihr System des Rechtsschutzes wissenschaftlich-technischer Ergebnisse gestalten sollten. Diese Vorschläge laufen regelmäßig darauf hinaus, die von den sozialistischen Staaten geschaffenen nichtausschließlichen Schutzrechte wieder zugunsten der bürgerlichen Ausschließungsrechte ihres Patentsystems aufzugeben.[9]
In die Konzeption des sog. „demokratischen Sozialismus" verpackt, ist diese Anwendungsvariante mit Hilfe der revisionistischen Kräfte in der ČSSR in den Jahren 1967/68 praktiziert worden und hatte das Ergebnis, daß die sozialistischen Neuerer- und Erfinderbewegung in der ČSSR 1968 nahezu vollständig zerschlagen wurde. Es bedurfte gewaltiger Anstrengungen nach der Zerschlagung der konterrevolutionären Machenschaften, um den sozialistischen Staaten das schöpferische Vertrauen der werktätigen Massen wiederzugewinnen.
Der prinzipienlose Pluralismus der bürgerlichen Weltanschauung schafft auf den verschiedenen Gebieten des ideologischen Kampfes die Möglichkeit für den Imperialismus, scheinbar differenziert und den Umständen entsprechend vorzugehen, um seine wahren konterrevolutionären Absichten zu verbergen. Es ist deshalb für die ideologische Auseinandersetzung wichtig, die unterschiedlichen ideologischen Angriffsmuster des Imperialismus auf den verschiedenen Gebieten zu fixieren. Wie die vorangegangene Darstellung ergibt, zeichnet sich auf dem Gebiet des Rechtsschutzes wissenschaftlich-technischer Ergebnisse ebenfalls ein gewisses koordiniertes Verhalten ab. Es werden drei Grundprämissen lanciert, die eng miteinander zusammenhängen. Danach soll *erstens* bestimmend für die patentrechtliche Gestaltung der wissenschaftlich-technischen Zusammenarbeit sein, daß ihr nicht klassenmäßige Widersprüche zugrunde liegen, sondern daß sie gewissermaßen direkt die klassenneutrale Produktivkräfteentwicklung widerspiegele. Hieran wird *zweitens* der Gedanke geknüpft, daß sich daraus für jede rechtliche Regelung des Rechtsschutzes wissenschaftlich-technischer Ergebnisse, ob sie in einem kapitalistischen, einem sozialistischen oder einem Entwicklungsland erfolgt, der gleiche Regelungsinhalt ergebe. *Drittens* wird daran die Behauptung geknüpft, daß das kapitalistische Patentsystem als der Prototyp jedweder rechtlichen Regelung des Rechtsschutzes wissenschaftlich-technischer Ergebnisse sei. Die Zielstellung dieser Gedankenfolge ist klar. Sie richtet sich gegen die Werktätigen im eigenen Land, um ihnen die Klassennatur der wissenschaftlichen und technischen Entwicklung und deren juristische Ausgestaltung in den kapitalistischen Ländern zu verschleiern. Auf diese Weise sollen sie vom politischen Kampf gegen das kapitalistische System und seine politischen Mittel abgehalten werden. Sie ist aber auch auf die ideologische Unterminierung in den sozialistischen Ländern gerichtet, indem versucht wird, eine den sozialistischen Leitungserfordernissen bei der Gestaltung des wissenschaftlich-technischen Fortschritts fremde Bewußtseinsbildung zu fördern, die vor allem an die hier und da anzutreffenden Rudi-

---

[8] a. a. O., S. 265
[9] GRUR (Int.) Dietz 1973, S. 365

mente bürgerlichen Patentrechtsdenkens anknüpft und auf diese Weise Widersprüche zwischen Staat und Erfindern bzw. zwischen den staatlichen Organen und den Betrieben oder den Betrieben und den Erfindern provozieren möchte. Sie richtet sich aber auch gegen die Versuche der Entwicklungsländer, die durch das bürgerliche Patentsystem verstärkte Klammer des Neokolonialismus zu zerbrechen und jedem Versuch entgegenzuwirken, das bürgerliche Patentrechtssystem, das, soweit es in den Entwicklungsländern praktiziert wird, einzig und allein den kapitalistischen Monopolen dient, zu verlassen.
Dieses Grundmuster bürgerliche Ideologie auf dem Gebiet des Rechtsschutzes wissenschaftlich-technischer Ergebnisse erfährt jedoch in zweifacher Hinsicht eine Spezifizierung. Es ist bezeichnend, daß mit wachsender Stärke des wissenschaftlich-technischen Potentials des Sozialismus, die mit der Erhöhung seiner Anziehungskraft auf die differenziertesten Bevölkerungsschichten in den nichtsozialistischen Ländern verbunden ist, der Imperialismus seine ursprüngliche Taktik, den Sozialismus auf diesem Gebiet zu diffamieren, verläßt und dazu übergeht, die Errungenschaften des Sozialismus zu *verschweigen.* Mit den besonders von der UdSSR getragenen Bemühungen, den Urheberschein als gleichberechtigtes sozialistisches Schutzrecht neben dem Patent in der Pariser Verbandsübereinkunft zu verankern, was 1967 schließlich durch eine entsprechende Änderung in der Stockholmer Fassung mit Erfolg gekrönt war, ist eine Taktik des systematischen Totschweigens seitens des Imperialismus und seiner Ideologen zu verzeichnen. Diese Taktik ist für den Kapitalismus umso wichtiger als der Gedanke des nichtausschließlichen Schutzrechtes den Interessen der Entwicklungsländer viel näher ist als das kapitalistische Patentsystem, um dessen Erhaltung in den Entwicklungsländern es dem Kapitalismus aber gerade geht. Dennoch wird eine Taktik des Totschweigens die internationale Verbreitung des nichtausschließlichen Schutzrechtes nicht aufhalten, weil es Ausdruck von Produktionsverhältnissen ist, die besser als die kapitalistischen am Profit orientierten Produktionsverhältnisse der Kompliziertheit der wissenschaftlich-technischen Entwicklung gerecht werden und diese in den Dienst der umfassenden Befriedigung der materiellen und geistigen Lebensbedürfnisse der Volksmassen zu stellen vermögen.
Eine weitere Spezifizierung der Grundpositionen bürgerlicher Ideologie-Propaganda auf dem Gebiet des Rechtsschutzes wissenschaftlich-technischer Ergebnisse ist der Versuch der bourgeoisen Ideologen, den sozialistischen Staaten Vorschläge zur Verbesserung des Rechtsschutzsystems zu unterbreiten, die darauf hinauslaufen, Prinzipien des kapitalistischen Konkurrenzkampfes in die sozialistische Wirtschaft hineinzutragen, egoistisches Verhalten bei den Werktätigen zu erzeugen und auf diese Weise das sozialistische Leben zu desorganisieren. Wohin das führen soll, haben die konterrevolutionären Ereignisse 1968 in der ČSSR gezeigt. Über das Erkennen der ideologischen Verhaltensmuster auf wissenschaftlich-technischem Gebiet hinaus kommt es darauf an, ausgehend von ihrer Kenntnis jeden Versuch der Bourgeoisie, auf die sozialistische Entwicklung Einfluß zu nehmen und sie dadurch zu hemmen und womöglich aufzuhalten, auch im einzelnen abzuwehren. Dazu gehört in erster Linie, sozialistisches Bewußtsein zu erzeugen und im Geiste unsrer sozialistischen Demokratie die einzelnen Werktätigen zu befähigen, an ihrem Arbeitsplatz und in ihrem Lebensbereich den Kampf um die Festigung des sozialistischen Bewußtseins und um die Abwehr dem Sozialismus fremder und gegen ihn gerichteter geistiger Haltungen und Handlungen zu führen.

WOLFGANG SEIFFERT

Probleme des wissenschaftlichen Meinungsstreits als Bestandteil des ideologischen Kampfes – Zum Klassencharakter internationaler Rechtsnormen intersystemarer Wirtschaftsbeziehungen

I.

Eine Problematik der ideologischen Auseinandersetzung auf dem Gebiet der Rechtswissenschaft ist das Verhältnis zwischen ideologischem Kampf und wissenschaftlichem Meinungsstreit unter den Bedingungen der friedlichen Koexistenz. In allgemeiner Form ausgedrückt, läßt sich formulieren: Friedliche Koexistenz ist ein politisches und völkerrechtliches Prinzip der Beziehungen zwischen Staaten gegensätzlicher Gesellschaftsordnungen, das alle Formen der Zusammenarbeit wie der Auseinandersetzung zuläßt – mit Ausnahme der militärischen Auseinandersetzung und der Diversion. *Wissenschaftlicher Meinungsstreit* ist ein Grundprinzip jeder echten wissenschaftlichen Arbeit, jeder Forschungsarbeit. Konkret bedeutet das:

- Gemessen an den allgemeinen Gesetzmäßigkeiten der gesellschaftlichen Entwicklung ist die friedliche Koexistenz der Staaten der beiden entgegengesetzten gesellschaftlichen Systeme eine spezifische Form des Klassenkampfes zwischen Sozialismus und Kapitalismus. Sie bedeutet zugleich Kampf und Zusammenarbeit der Staaten dieser Systeme; ja manchmal vollzieht sich dieser Kampf unter bestimmten Voraussetzungen in der Zusammenarbeit.
- Unter den Bedingungen der friedlichen Koexistenz vollzieht sich ein ökonomischer, politischer und ideologischer Kampf, der unvermeidlich, ja notwendig ist. Wenn z.B. Ideologie gesellschaftliches Bewußtsein im Spiegel materieller Interessen ist, dann muß bei Vertiefung der gesellschaftlichen Widersprüche die ideologische Auseinandersetzung zwischen den beiden Hauptkräften der Gesellschaft sich objektiv bedingt verschärfen. Das geschieht nicht notwendigerweise in der Form der Sprache, der Gangart der Auseinandersetzung, sondern tiefergehend hinsichtlich des historischen Anspruches auf Veränderung der Verhältnisse einerseits und auf Erhaltung des Bestehenden andererseits.
- Für die sozialistischen Kräfte gibt es zur friedlichen Koexistenz keine Alternative. Es gibt für sie aber auch keine Alternative zum ideologischen Kampf. Die Besonderheit des letzteren besteht darin, daß es hier im Unterschied zu den politischen Beziehungen keine Kompromisse gibt. Doch die Unversöhnlichkeit der Ideologien schließt Kompromisse und Vereinbarungen zwischen den Staaten auf den verschiedensten Gebieten der Politik, der Kultur, der Wirtschaft nicht aus. Das erweist z. B. die Existenz eines allgemeinen Völkerrechts der Gegenwart: Von unterschiedlichen und gegensätzlichen ideologischen Positionen ausgehend, schaffen Staaten unterschiedlicher Gesellschaftsordnungen gemeinsame Rechtsnormen für ihre wechselseitigen Beziehungen.
- Der Streit der Meinungen, die wissenschaftliche Auseinandersetzung gehört zur Sphäre der Ideologie, wenngleich auch das ideologische Gewicht der Streitfragen im Einzel-

fall recht unterschiedlich sein kann. Die gesellschaftliche Wahrheit ist nur in permanenter Auseinandersetzung zwischen den beiden Hauptklassen unserer Zeit durchsetzbar. Die Form dieser Auseinandersetzung ist generell davon abhängig, wie demokratisch die Gesellschaft ist, in der sich diese Auseinandersetzung vollzieht. Daß dieser wissenschaftliche Meinungsstreit in den ihm eigentümlichen Formen überhaupt und in demokratischer Weise stattfinden kann, hängt von der Durchsetzung der friedlichen Koexistenz ab.

- Der sich in unserer Zeit vertiefende Grundwiderspruch zwischen den Hauptklassen hat mit objektiver Notwendigkeit längst dazu geführt, daß die einst von der Bourgeoisie erhobene Forderung der Freiheit der Wissenschaft zu einer Gefahr für die geistige Herrschaft des Kapitals geworden ist. Darauf ist zurückzuführen, daß die bürgerliche Ideologie den wirklichen wissenschaftlichen Meinungsstreit scheut. Sie muß befürchten, daß sie in dieser Form die Vorherrschaft bürgerlicher Ideologie nicht wird aufrechterhalten können.

  Umgekehrt liegt die radikale Aufdeckung der tatsächlichen Verhältnisse in Natur und Gesellschaft im Interesse der Arbeiterklasse und damit der Staaten, in denen sie die Macht ausübt. Diese Wahrheit kann und muß man im Wettstreit der Meinungen sich zu eigen machen. Deshalb muß die Arbeiterklasse den wissenschaftlichen Meinungsstreit auf ihre Fahnen schreiben und als immanenten Bestandteil des ideologischen Kampfes begreifen. Alle von den Positionen der Arbeiterklasse ausgehenden wissenschaftlichen Arbeiten sind zugleich ideologische Arbeiten. Ihr ideologischer Gehalt wird in dem Maße erhöht, wie verstanden wird, sich mit den theoretischen Grundpositionen der bürgerlichen Wissenschaft auseinanderzusetzen. In jedem Zweig der Rechtswissenschaft gibt es einige solcher Grundpositionen, mit denen sich auseinanderzusetzen nicht einigen „Spezialisten" überlassen bleiben darf. Sie müssen Bestandteil der Forschungsarbeit der profilierten Vertreter der jeweiligen Zweigdisziplin sein.

II.

Eine konkrete Problematik, die im Internationalen Wirtschaftsrecht eine wachsende Bedeutung erlangt, ist die des Klassencharakters der internationalen Rechtsnormen, die von Staaten unterschiedlicher Gesellschaftsordnungen zur Regelung ihrer wechselseitigen ökonomischen und wissenschaftlich-technischen Beziehungen geschaffen werden. Die Zahl dieser Normen nimmt zu. Der Kreis der Objekte, die durch solche Normen geregelt werden, vergrößert sich. Auf vielen Gebieten des internationalen Verkehrs bestehen solche Normen bereits seit vielen Jahren, die gegenwärtig weiterentwickelt werden. So entstehen auf dem Gebiet des Seehandelsrechts neue Regelungen. Die auf dem Gebiet des gewerblichen Rechtsschutzes bestehenden Normen werden vervollkommnet und ergänzt. Die UNO hat mit der Kommission für internationales Handelsrecht (UNITRAL) ein ständiges Organ geschaffen, das mit der Entwicklung eines universellen Vertragsrechts der intersystemaren Wirtschaftsbeziehungen betraut ist. Ihrem rechtlichen Charakter nach sind diese Normen nicht einheitlich; doch auf diese Frage soll hier nicht näher eingegangen werden. Wesentlich ist bei dieser Problematik die Frage nach dem Klassencharakter dieser Normen. Während Tunkin in seiner Arbeit „Ideologischer Kampf und Völkerrecht" bemüht ist, diese Frage hinsichtlich der allgemeinen Normen des Völkerrechts zu lösen, liegen umfassende Arbeiten auf dem Gebiet des Internationalen Wirtschaftsrechts nicht vor. Äußerungen, die es dazu gibt, lauten gelegentlich, es handle sich hier um Normen, die von ihrem sozial-ökonomischen

Hintergrund „relativ losgelöst“ oder überhaupt „klassenneutral“ seien. Solche Thesen umgehen die Frage nach dem Klassencharakter dieser Normen. In Wirklichkeit kommt es darauf an, ihren tatsächlichen sozial-ökonomischen Inhalt aufzudecken.

Im einzelnen heißt das:

1. Dem *Gegenstand* nach regeln diese Normen wechselseitige ökonomische Beziehungen zwischen entsprechend den jeweiligen nationalen Rechtsordnungen zu solchen Beziehungen berechtigten Rechtssubjekten aus Staaten unterschiedlicher Gesellschaftsordnung. Mit der Schaffung solcher internationaler Normen wird allgemein das *Ziel* verfolgt, einen möglichts reibungslosen Verkehr auf der Basis der Prinzipien der friedlichen Koexistenz, der Gleichberechtigung und des gegenseitigen Vorteils zu gewährleisten.
2. Die beteiligten Staaten gegensätzlicher Gesellschaftsordnung gehen von unterschiedlichen und gegensätzlichen Interessen, ideologischen Positionen und theoretischen Erwägungen an die Schaffung solcher Normen heran. Das beginnt schon mit der Entscheidung der einzelnen Staaten, ob sie sich an der Schaffung der Normen beteiligen oder den entsprechenden Konventionen später nur beitreten oder überhaupt außerhalb des Anwendungsbereiches der Normen bleiben. Das setzt sich fort in den Verhandlungen über die Ausarbeitung der Normen selbst, die praktisch ein langjähriger Prozeß des Meinungsstreites und der ideologischen Auseinandersetzung sind, der sich bei ihrer Anwendung wiederholt.
3. Das Ergebnis sind Rechtsnormen, bei denen weder die eine noch die andere Seite allein ihren Willen durchsetzen konnte. Sie tragen allgemein gesehen Kompromißcharakter. Deshalb und wegen der sozial-ökonomischen Grundlage der Beteiligten, ihrer Klassennatur, sind sie grundsätzlich allgemein-demokratischen Charakters.
4. Hinzu kommt ein anderer Aspekt. Viele dieser Normen sind solche, die wegen ihres Gegenstandes allgemeine Regeln internationaler Wirtschaftsbeziehungen zwischen jeglichen staatlich organisierten Gesellschaften ausdrücken und *in diesem Sinne* klassenneutral sind. Gerade auf dem Gebiet der Wirtschaft ist die Grundstruktur vieler Rechtsinstitute in verschiedenen Gesellschaftsformationen identisch. Doch dies ist nur *ein* Aspekt einer Reihe von Normen und zudem sind auch diese Normen immer Bestandteil eines funktionellen Gesamtsystems rechtlicher Regelung, das auch den einzelnen Normen seinen Charakter gibt. Nicht selten geraten auch hier Fragen, die vorwiegend juristisch-technischer Natur sind, unter bestimmten Umständen in den Mittelpunkt des ideologischen Kampfes. Deshalb schiene es mir nicht gerechtfertigt, bestimmte Normen oder eine Reihe von Normen schlechthin als klassenneutrale zu bezeichnen, bei anderen aber vom allgemein-demokratischen Charakter derselben zu sprechen. Vielmehr hat die Gesamtheit dieser internationalen Normen allgemeindemokratischen Charakter; lediglich innerhalb dieses funktionellen Gesamtsystems lassen sich solche Normen sondieren, die vorwiegend juristisch-technischer Natur sind.

Um Mißverständissen vorzubeugen, sei abschließend noch einmal betont: Wir haben hier nur von internationalen Normen gesprochen, die von Staaten *unterschiedlicher* Gesellschaftsordnung geschaffen worden sind. Damit sind sowohl Normen, die von Einzelstaaten durch ihre nationale Gesetzgebung gesetzt werden, ebenso außerhalb unserer Betrachtung wie Normen, die von Integrationsgemeinschaften unterschiedlichen Typs geschaffen werden.

BOLESLAW ZIMMERMANN

Zum Recht der staatsmonopolistischen Integrationsverbände

In Westeuropa treten uns in Gestalt der Europäischen Wirtschaftsgemeinschaft, die Montanunion und der EURATOM Staatsmonopolistische Integrationsverbände gegenüber. Derjenige, der sich diesem Gegenstand zuwendet und in der gegenwärtigen politischen Landschaft Westeuropas Umschau hält, stellt fest, daß das Wort Krise im Zusammenhang mit der westeuropäischen Integration das meist gebrauchte Wort ist. Das Euro-Barometer, das ist ein Ergebnisspiegel, den die Kommission der Europäischen Gemeinschaften halbjährlich von Meinungsforschungsinstituten in den Ländern der Europäischen Gemeinschaften erstellen läßt, zeigt an, daß in der „öffentlichen Meinung" die Bereitschaft, für die westeuropäische Integration einzutreten, gesunken ist. Und dies nicht nur in den Ländern, die den Integrationsverbänden neu hinzugetreten sind, wie Dänemark, Großbritannien und Irland, sondern in allen Ländern Westeuropas, einschließlich der BRD. Die Gemeinschaftsorgane und ihre Propagandisten fordern, um diesem Mangel abzuhelfen, eine konzertierte ideologische Kampagne für eine Forcierung der staatsmonopolistischen Integration. Bisher war ihren Bemühungen nur wenig Erfolg beschieden. Bei dieser Sachlage fragt sich natürlich der, welcher sich in der DDR dem Recht dieser Integrationsverbände zuwendet, ob noch besondere Veranlassung besteht, diesen Gegenstand zu erforschen und einer gründlichen Analyse zu unterziehen. Diese Bedenken werden noch unterstützt, wenn man als Maßstab für die Beurteilung des Rechtes der staatsmonopolistischen Integrationsverbände die weit gesetzten Zielansprüche der Integrationsideologen und Integrationstheoretiker nimmt. Ein Verfahren, dem leider einige linke Kritiker in Westeuropa unterliegen. Auf dieser Basis ist wohl eine kritische Position zur staatsmonopolistischen Integration zu gewinnen, aber keineswegs eine hinreichende Einschätzung der wirklichen Gefahren und potenziellen Stärke dieser Integrationsverbände.

Die marxistische Rechtswissenschaft kann und muß bei der Analyse des Rechts der staatsmonopolistischen Integrationsverbände sich auf die Erkenntnisse der wirtschaftswissenschaftlichen Forschung in den sozialistischen Ländern stützen. Aus ihnen erwächst auch die Notwendigkeit einer Auseinandersetzung mit dem Integrationsrecht. Die Aussagen der marxistischen politischen Ökonomie über die Integration lassen sich vielleicht in vier Grundthesen zusammenfassen. Erstens: Die Integrationsprozesse haben objektiv gesetzmäßigen Charakter. Zweitens: Es handelt sich also nicht nur um eine wirtschaftliche Verflechtung, sondern die wirtschaftliche Verflechtung wird von den Staaten organisiert. Die dritte Aussage: Die gegensätzlichen Produktionsverhältnisse bewirken den antagonistischen Charakter der sich vollziehenden Integrationsprozesse. Viertens: Die Veränderungen in den Produktionsbedingungen führen zu regionalen Verflechtungen im Überbau der jeweiligen Gesellschaftsverhältnisse. Das sind die vier Grundaussagen, von denen sich ableitet, daß die Integration und die Integrationstheorien in den Mittel-

punkt der Auseinandersetzung zwischen marxistischer und imperialistischer Ideologie gestellt sind. Denn Prozesse objektiv-gesetzmäßiger Natur, die sich unter beiden Produktionsverhältnissen vollziehen, müssen Divergenzen, Gegensätzlichkeiten, aber auch Parallelitäten augenfällig werden lassen.
In den von der marxistischen Wirtschaftswissenschaft herausgearbeiteten Grundaussagen ist für die Betrachtung der Rechtsentwicklung der Aspekt von besonderer Bedeutung, der die Veränderungen im Überbau der kapitalistischen Gesellschaft betrifft. Es ist die Zeit herangereift, daß wir sagen können, in Westeuropa haben sich Elemente eines internationalen staatsmonopolistischen Überbaus herausgebildet. Das bringt für die Arbeiterklasse dieser Länder ganz erhebliche Probleme mit sich. Allgemein muß festgestellt werden, daß ein Organisationsdefizit der Arbeiterklasse in Westeuropa gegenüber dem erreichten Organisationsgrad des internationalen Kapitals, dessen einer Teil die benannten Elemente des internationalen Überbaus sind, vorhanden ist. In Westeuropa existieren auf der unmittelbaren Organisationsebene der Monopole neben den mächtigen multinationalen Gesellschaften durchgängig organisierte Verbände der „Arbeitgeber“ (UNICE) sowie Industrie- und Branchenverbände. Darüber hinaus nehmen die Monopole über ein ausgeweitetes Lobby-System auf die Entscheidungsprozesse in den Organen der Europäischen Gemeinschaften Einfluß.
Die bürgerlichen und sozialdemokratischen Parteien dieser Länder haben ebenfalls internationale Organisationsformen geschaffen. Die christlich-demokratischen Parteien gründeten erst kürzlich eine Europäische Volkspartei. Die Projekte zur Gründung einer Europäischen Sozialdemokratischen Partei sind zwar an den Widersprüchen, die unter ihnen bestehen, gescheitert, aber es existiert ein Verband dieser Parteien, der unter wesentlichem Einfluß der SPD steht.
Die Behauptung vom Organisationsdefizit der Arbeiterklasse soll natürlich nicht so verstanden werden, daß gegenwärtig sich keine neuen Formen der internationalen Organisation entwickeln. Sie sollen lediglich den graduellen Unterschied in der Organisation betonen. Die kommunistischen Parteien Westeuropas entwickelten neue Formen der ständigen Konsultation und Koordinierung ihrer Politik. Auf gewerkschaftlicher Ebene ist ein europäischer Gewerkschaftsbund entstanden, dem alle bedeutenden Gewerkschaften Westeuropas mit Ausnahme des französischen CGT angehören.
Diese Prozesse wurden in verschiedenen Arbeiten der Wissenschaftler der DDR analysiert und bewertet. Jedoch fällt auf, daß dabei völkerrechtliche Fragen und politisch-institutionelle Fragen im Vordergrund stehen und daß das unmittelbare Integrationsrecht nur gelegentlich ins Blickfeld geraten ist. Dieser Mangel sollte behoben werden. Diesem Recht der Integrationsverbände wird von der Rechtsprechung, vom Rechtsetzer und von der Rechtslehre in Westeuropa eine Reihe Eigenschaften zugeschrieben. Dieses Recht soll eine eigene Rechtsordnung sein, die weder völkerrechtlichen noch einzelstaatlichen noch bundesstaatlichen Charakter trägt. Die Leugnung eines völkerrechtlichen Charakters bringt schon mit sich, daß die Interpretation von Normen dieser Verbände, auch wenn die Souveränität der einzelnen Staaten im Spiele ist, nicht restriktiv erfolgen muß, sondern daß vom Ziel und vom Zweck der Verbände her interpretiert wird, so daß die Souveränität dann, wenn es im Kapitalinteresse für nötig gehalten wird, auch mittels Interpretation von Normen geschmälert werden kann.
Am Rande sei vermerkt, daß die Einschränkung der Souveränität der Mitgliedstaaten durch gemeinschaftliche Rechtsetzung insofern eine bedeutende Rolle spielt, als in dem EWG-Vertrag – parallele Bestimmungen existieren ebenfalls in den anderen Gemeinschaftsverträgen – mit dem Artikel 235 die Möglichkeit zur sukzessiven Rechtsentwicklung gegeben ist, wenn zur Erfüllung von gestellten Aufgaben keine genau benannten

Kompetenzen im Vertrag vorhanden sind. Die Anwendung des Art. 235 hat in der vergangenen Zeit erheblich zugenommen. Da die Rechtsetzung nach Art. 235 eine Rechtsetzung innerhalb des EWG-Vertrages ist, die der Einstimmigkeit und der Vorlage bei den beratenden Organen Europaparlament und Wirtschafts- und Sozialausschuß bedarf, aber nicht der einzelstaatlichen parlamentarischen Bestätigung unterliegt, ist diese Rechtsetzung geeignet, die Rechte der Parlamente in den Mitgliedstaaten weiter auszuhöhlen. Weiter zu den Eigenschaften dieses Rechts. Das von den Organen gesetzte Recht, die Verordnungen und einzelnen Bestimmungen der Gründungsverträge sollen Vorrang vor einzelstaatlichem Recht besitzen und die unmittelbare Anwendbarkeit in den Rechtsordnungen der Mitgliedstaaten entfalten, d. h. sie gelten unmittelbar, sie sind von den einzelstaatlichen Gerichten direkt anzuwenden. Wenn wir uns diesen Erscheinungen nur unter juristischem Blickwinkel zuwenden wollen, so fallen einige Besonderheiten auf gegenüber der Rechtsetzung im zwischenstaatlichen Verfahren und bei anderen internationalen Organisationen. Diese Besonderheiten erstrecken sich aber nur auf ihre quantitative Verknüfpung, denn im einzelnen können diese Spezifika auch bei anderen Rechtsformen festgestellt werden. Das trifft z. B. für die unmittelbare Anwendbarkeit zu, die im Völkerrecht in Form der self-executing-norms auftritt.
Dem Wesen des Rechts der staatsmonopolistischen Integrationsverbände kommen wir nur von den benannten neuen Elementen eines internationalen Überbaus zur Herstellung neuer Kapitalverwertungsbedingungen durch gemeinsames Handeln der Staaten nahe. Damit wird auch die Ausgangsbasis erreicht, um eine Gegenüberstellung vom Recht der sozialistischen Integrationsverbände und dem Recht der staatsmonopolistischen Integrationsverbände durchzuführen. Soweit zu den Ausgangspunkten einer Analyse des Rechts der staatsmonopolistischen Integrationsverbände.
Noch einige Bemerkungen zum Entwicklungsstand des EWG-Rechts. Dieses Recht umfaßt das Wettbewerbs- und Niederlassungsrecht, das Außenwirtschaftsrecht, gewisse Bereiche des Sozial- und Verkehrsrechts und Rechtsformen der Koordinierung der Wirtschaftspolitik der Staaten. Viele Widersprüche behindern die Entwicklung des Integrationsrechts; der Bereich, der in der Gegenwart am weitesten ausgebaut ist, betrifft das Außenwirtschaftsrecht der EWG und das Auftreten der Gemeinschaft in internationalen Organisationen. Die Ausrichtung gegen die Interessen der sozialistischen Staaten ist dabei unübersehbar. Die widersprüchliche Entwicklung in der EWG brachte es mit sich, daß entgegen den Intensionen des Gründungsvertrages und der Gründer die zwischenstaatlichen Entscheidungs- und Organisationsformen gegenüber den supranationalen Elementen in der Gegenwart das Übergewicht erhalten haben. Der schon erwähnte UNICE gab in seiner Orientierung für das Jahr 1976 bekannt, daß er seine Hauptkräfte wiederum auf die Regierungen der Einzelstaaten konzentrieren will, weil die wesentlichsten Wirtschaftsentscheidungen nach seiner Einschätzung doch auf nationalstaatlicher Ebene und nicht auf der Ebene der EWG-Behörden erfolgen.
Dieses in den Vordergrund treten des zwischenstaatlichen Elements in der Entwicklung des institutionellen Gefüges und Entscheidungsmechanismus schließt jedoch keineswegs aus, daß künftig die Elemente der Supranationalität wieder stärker entwickelt werden. Darauf sind wesentliche Kräfte des Monopolkapitals konzentriert.

Autorenverzeichnis

Prof. Dr. Karl-Heinz Röder, Institut für Theorie des Staates und des Rechts der Akademie der Wissenschaften der DDR
Prof. Dr. Hermann Klenner, Zentralinstitut für Philosophie der Akademie der Wissenschaften der DDR
Prof. Dr. Roland Meister, Friedrich-Schiller-Universität, Sektion Rechtswissenschaft
Dr. sc. Jochen Dötsch, Institut für Theorie des Staates und des Rechts der Akademie der Wissenschaften der DDR
Dr. sc. Ekkehard Lieberam, Institut für Theorie des Staates und des Rechts der Akademie der Wissenschaften der DDR
Prof. Dr. Gerhard Dornberger, Humbold-Universität, Sektion Rechtswissenschaft
Dr. Gisela Neumann, Hochschule für Ökonomie „Bruno Leuschner“ Institut für Wirtschaftsrecht
Prof. Dr. Frithjof Kunz, Akademie für Staats- und Rechtswissenschaft der DDR
Prof. Dr. Hans Pogodda, Humbold-Universität, Sektion Rechtswissenschaft
Helena Münnichowa
Prof. Dr. Wolfgang Seiffert, Akademie für Staats- und Rechtswissenschaft der DDR
Institut für ausländisches Recht und Rechtsvergleichung
Dr. Boleslaw Zimmermann, Akademie für Staats- und Rechtswissenschaft der DDR
Institut für ausländisches Recht und Rechtsvergleichung

FSC
www.fsc.org
MIX
Papier | Fördert gute Waldnutzung
FSC® C083411

Kolibri 360 GmbH
Ferdinand-Jühlke-Straße 7
99095 Erfurt, Deutschland
produktsicherheit@kolibri360.de